TYMOR DA

Argraffiad cyntaf: 2024

ISBN: 978-1-911584-83-4

Cyhoeddwyd gyda chymorth ariannol Cyngor Llyfrau Cymru.

Cyhoeddwyd gan Gyhoeddiadau Barddas.

www.barddas.cymru

Dylunio a chysodi: Rebecca Ingleby Davies

Ffotograffiaeth clawr: Iestyn Hughes

Argraffwyd gan Y Lolfa, Tal-y-bont

TYMOR DA

Casgliad o gerddi gan Robat Powell

Cyhoeddiadau
barddas

Cynnwys

'Cangen onnen ydwyf i ...'

'Yn y bêl daeth gwib alaw ...'

'Oedwn awr gyda'n harwyr ...'

'Golau maes, treigl y misoedd ...'

'Mae gorwel hwnt i'm gweryd ...'

'Anhraethadwy, mwy na mi ...'

Cyflwyniad

Ysgrifennwyd y cerddi hyn rhwng 1996 a 2023. Mae eu cynnwys yn adlewyrchu fy niddordebau i, a hefyd y materion sy'n fy nghynhyrfu neu fy nigio, ond hefyd yn cynhesu fy nghalon.

Ni chynhwyswyd yma lu o englynion, ac ambell gerdd hirach, a luniwyd ar gyfer unigolion i nodi achlysuron personol fel pen-blwydd neu ben-blwydd priodas. Gofynnaf am faddeuant yr unigolion am hyn, ond mae maint y gyfrol yn gorfodi cyfyngu ar y cynnwys.

Daeth y cymhelliad i gyfansoddi'r cerddi o sawl cyfeiriad gwahanol, yn cynnwys *Talwrn* Radio Cymru, cynllun Bardd y Mis Radio Cymru a'r Eisteddfod Genedlaethol; ond ysgogwyd nifer fawr ohonyn nhw gan fy nyletswyddau fel tiwtor i Ddosbarth Cynghanedd Cwm Tawe, a noddir gan Brifysgol Abertawe. Pan osodir gwaith cartref i'r dosbarth fe ddisgwylir i'r tiwtor roi pìn ar bapur hefyd, ac rwy'n ddiolchgar i aelodau'r dosbarth am eu hamynedd a'u sylwadau call wrth i'w tiwtor adrodd ei ymdrechion ei hun. Rwy'n cael modd i fyw yn eu cwmni!

Ceir yn y gyfrol gerddi eraill na allaf fwrw'r bai ar neb am eu symbylu ond troadau fy meddwl a'm calon fy hun.

Hoffwn ddiolch yn gynnes i Barddas am eu diddordeb yn y casgliad hwn a'u parodrwydd i'w gyhoeddi. Rwy'n arbennig o ddiolchgar i'r golygydd, Bethany Celyn, am ei hanogaeth a'i chyngor hynaws, a'i barn a'i gofal doeth wrth inni dywys y gwaith tua phen ei daith.

Rwy'n ddiolchgar hefyd i Sheila, fy ngwraig, am iddi orfod dioddef gormod o oriau unig gartre wrth i minnau ymneilltuo i ystafell arall er mwyn ceisio creu rhyw linell neu ddwy.

Fel yr awgryma llun y clawr, mae fy ngwreiddiau a'm hysbrydoliaeth i fel person, ac fel prydydd, yng nghymoedd diwydiannol y De – neu ôl-ddiwydiannol bellach mewn ambell achos, ysywaeth. Ond mae'r syniad y gallai fod rhan fach iawn i minnau yn nhraddodiad barddol Cymru gyfan, yn enwedig ym maes y canu caeth, yn dal i roi gwefr i mi.

Teimlaf yn gryf hefyd taw Ewropead a dinesydd y byd ydw i. Rwy'n cael pleser ac addysg o ddarllen barddoniaeth meistri'r cyfandir a gweddill y blaned o Homer hyd feirdd heddiw, ac os oes tamed o werth yn y casgliad hwn byddwn yn falch iawn pe gellid ei weld o fewn y traddodiad Ewropeaidd hwnnw. Nid wrth ochr Homer, wrth gwrs!

Yn olaf, diolch i ti, ddarllenydd, am dy ddiddordeb yn y gyfrol. A, pwy a ŵyr, am ei phrynu!

'Cymrwn nerth o'n Cymru ni ...'

Y Gymraeg

Dwy fil oed yw ein hoeden, – er hynny,
  Nid crawc brân mo'i hacen!
 Ni freuodd gwefr ei hawen,
 Nid yw'n hiaith yn mynd yn hen.

Fel boda, heda o hyd – o Ebwy
  Hyd Gaergybi'n ddiwyd,
 A'i gwib trwy'n cymoedd i gyd
 Yn daith lawn afiaith hefyd.

Hon yw chwerthin meithrinfa, – hon yw gwisg
  Y Gair yn ein hoedfa,
 A hon yw'r ddawn a ryddha
 Win heddiw i'n llenydda.

I'w hil legach hi yw'r slogan – ar fur
  A fyn ein holl anian,
 Ac ym myw'r gêm hi yw'r gân
 A gyfyd genedl gyfan.

Clyw hi! Clyw ei chlec lawen – yn addo
  Cynganeddion cymen;
 Fel haul haf y ffurfafen
 Ei hoen byth ni ddaw i ben,

Ac fe'n harwain draw i leiniau – harddaf
  Holl feirdd yr amserau;
 Rhodiwn yng nghyffroadau
 Ei chwmni iach – a'i mwynhau!

Gwenllian y Cymoedd

Mawrthwynt ar lethrau Merthyr,
y waedd fawr a dreiddia fur;
treiddia gragen yr enaid,
treiddia â'r llafn, treiddia'r llaid.
Eithr hi, ym Mawrth yr allt,
a'i heria'n ugain hirwallt.

Â'r egni nad yw'n grwgnach,
menyw fain a phram un fach
sy'n esgyn bryn heibio i rwd
Cymru y craciau amrwd;
tai eisiau paent, dwy siop wag,
a gwerin y pwrs gorwag.

Tyle dygn eu tlodi yw,
brwydr eu bore ydyw;
gŵyr hi y prawf o greu pryd
o'i lwfans dyddiol hefyd.
Ar riw ddi-haul cerdda hi
heol lwyd ei chaledi.

Yn ystâd y gwynt a'i stŵr,
caniau noeth, eco neithiwr,
eto'n gorlenwi'r gwter
fel haint yn yr heol flêr;
hesbin yn chwilio'r biniau,
hen gi swrth yn agosáu.

Ei hwyneb lliw y byw llwyd
yw'r wyneb a ddifreiniwyd;
a hir yw'r tyrn ger y til,
y conan a'r jôcs cynnil,
i dalu'r rhent, gweld plentyn
ei glin yn ddewin o ddyn.

I hon ni ddaw ciniawa,
gwisgoedd del na gwinoedd da,
na rhyw ennyd i ffroeni
hwnt i'w llethr ramant y lli;
ei thynged yw'r heth ingol
a chyw yn nythu'n ei chôl.

Cam hon trwy stranc y meinwynt
yw cam blin pob gwerin gynt;
i fyny'r rhiw fu 'no 'rioed
y dringa drwy'i hieuengoed,
a sŵn cernod ei thlodi
i galon wydn a glywn ni.

Canys hi yw'n Gwenllian,
hi yw'n mêr; cynheuer cân
pob bardd i'w gwroldeb hi,
alaw i'w hanfarwoli;
un wraig na fyn ei rhwygo,
un wraig yn graig yn ei gro.

Tywysoges y pres prin,
arwres tyle'r werin;
ei chaer hud yw ei chredyd,
anoràc yw ei gŵn drud,
a'i het wlân yw'r sidan sydd
yn ei hurddo hyd hwyrddydd.

O hyd saif ei gwarchodwyr
yn ffyddlon am hon fel mur;
Twyn y Waun, fel gynt ei nerth,
adnodd Cefn Pennar cydnerth
wrth ei chefn dan arthio chwil
y treiddwynt uwch tir eiddil.

Tywysoges y cesair,
a min hen gam yn ei gair;
un yw paean y piod
o ben tŷ yn dathlu'i dod,
menyw fain a phram un fach,
a'r egni nad yw'n grwgnach.

Llais o'r cwm

Mae'r Fig Tree wedi cïed
a lle Carpanini 'ed;
y Lion a Saron sy
yn wag, a rhyw sgyrnygu
trwy yr allt a'r pentre hyn
heddi mae'r gwynt fel meddwyn.

'Co'r Regal jest fel cragen
yn y baw, a da'th i ben
yma'n y cwm awen côr
a harddwch sain y cerddor.

Cwm â'i sail yn adfeilio,
byd yr hwyl lle buo' i dro
â'm haden dros wejen swil,
a hen sedde bois eiddil
y gwaith glo heb neb yn awr
i'w rhannu yn rhew Ionawr.

Ond cofia, wy'n wilia nawr
yn fy helynt, cyfalaw'r
awel brudd o ael y bryn
â'i dagr yn tynnu deigryn …

'Co hyn! Mae haul uwch y ca',
a mi fel Jeremeia!
Siapa, wỳs, mae isie peint,
draw i'r Halfway am dripheint!

Tra bo ffrindie'n cydwenu,
lliw blote dros dipie du,
tra bo tîm, tra bo tymor,
geme ar brynhawne o'r,
tra bo peint, tra bo pentan
i roi i'r Gwmrâg 'i rhan,
bydd y cwm yn gwm y gwin
a thir hiraeth i'r werin!

Awdl 'Cynhaeaf' Dic

Yn ei grawn fe geir heniaith – y feidir
    Yn aeddfedu'n berffaith;
  O'i hâr hael clywir eilwaith
  Hudwr ei hil, meistr iaith.

Siarter Iaith ysgolion Abertawe

Fi yw'r gân sy'n difyrru gwaith – a gŵyl,
    Fi yw gair ein gobaith;
  Clywaist fy ffrwtian ganwaith
  Yn dy waed – fi yw dy iaith!

Y bwthyn

Y nos yn oer,
ond, yn hwyr, sleifiodd cadno o'i wâl
i lawr y llethrau, a'r lleuad
a dywynnai ar hyd
y rhedyn a'r allt.
Gwelodd y bwthyn, a'i wyngalch
yn briwsioni
heb y brws onest
na dwylo nawr,
mor frwd i'w lanhau.

Safodd yn y fan –
tylluan a'i llef,
fel o arch
a'i hoerfel erchyll
yn hollti
distawrwydd y gelltydd.

Nid oedd un aderyn
na bod arall
yn twymo'r tŷ yma
a rannai alar
ei wacter anaele
â chreadur
y düwch a'r rhedyn.

Lle bu tân a chân a chinio
yn hwyliog rhwng y welydd,
heno i'r cadno nid oedd cyw
na da gwerth eu dwyn;
a lle bu iaith
yn diwyllio'i bwthyn,
hunlle nos tylluan wen.

A'r cadno? Fe drodd, ac anghofio
lle buodd,
ond gadawodd ei dom
yn llawen ger talcen y tŷ.

Yr hebog, 1997

Cododd o'r cwm caeedig,
uwch y gors a thristwch gwig,
hebog yr hen ddarogan,
aderyn gwaed yr hen gân,
yn hofran uwch llan a lli
ar adain ei fawrhydi.

At fur dieryr y daeth
yn aderyn gwladwriaeth;
ei lid ein metel ydoedd,
ei hediad ein hediad oedd;
diogelai'r ffald, gwyliai'r ffin
a'i helfaes trwy nerth gylfin.

Yna'r wawr heb adain rydd,
ond ym mawn troed y mynydd
anaf o liw'r criafol,
trywydd o waed trwy y ddôl
yn rhuban ei ddiflaniad,
rhigol ing trwy gyhyr gwlad.

Fe ddaeth canrifoedd i'w hynt
â glaw oer y galarwynt;
ninnau yn ein dyffrynnoedd,
er ein marwhau, ynom roedd
un cof fel eco hafau,
fel gwlith, un rhith yn parhau.

A heddiw daeth trwy'r nudden
hebog ar wib a'i gri hen;
yn nhir Taf fe welaf i
hud ei laniad eleni,
a chael yn ei ddychweliad
ein hafau oll a'n cryfhad.

Canolfan Gymraeg Tŷ Tawe, Abertawe, yn 30 oed

Y tyaid ger llif Tawe
ydyw'r haid sy'n tanio'r dre'!
Aelwyd dwym ein dathliad yw,
ein cred a'n byncar ydyw;
ein hachos hen, lloches iaith,
tŷ clyd, ond tŷ caledwaith.

I'n tŷ gwych fe ddônt i gyd
i ymuno am ennyd;
ar drên ein llên teithiodd llu
eiddig i adnewyddu
cwlwm iaith mewn encil mwyn,
ac ennill eto'u gwanwyn.

'Co Gomer gyda'i sieri
yn cribo'n newyddion ni;
paned yw tonig Pennar,
gras y sant yn ei sgwrs wâr;
Henry sy, a Saunders 'ed,
yn cael awr uwch y clared.

Brwd yw pob acen heno
wrth fawrhau euriaith y fro;
synnwyr Crwys a Noah'r Crydd,
a gwres yn straes Gwyrosydd
yntau, a gemau J Gwyn
hyd ei wasgod yn disgyn.

Ond wedi'r parti, pwy â
â'i raw drom i'r dre' yma,
a chreu gydag awch yr iaith
o faes anial faes uniaith?
Troi â'i raw Abertawe'n
gaer bybyr dysgwyr y De!

Pwy a rydd ei ddydd i waith
trin a lletya'r heniaith,
a galw am ysgolion
iddi'n sail drwy'r ddinas hon?
Ar goedd, rhown anrheg iddi
yn ein gwaith a'n haraith ni!

A rywdro daw'n cysgodion
ni yn ôl i'r gorlan hon,
eto i hwyl dathliad Tŷ
a thalent iaith a'i theulu;
bythol stŵr yn llanw'r lle
fydd yfory Tŷ Tawe!

Ysgol Ramadeg Glyn Ebwy

Yn nawdd ei welydd magwyd meddyliau
gwerin y cwm wrth gywiro'n camau,
bu hoffi gair a chribo ffigurau
a chwtsho dirgel yn y cornelau;
heibio daw'r hen wynebau, – pawb â'i stranc,
yn ddidranc ifanc yn fy ngaeafau.

Ysgol Gymraeg Lôn Las yn 60 oed

Unwaith, fe droes arloeswyr
i geisio haul trwy'r mwg sur;
y dewrion yn pladurio
llwybr i iaith trwy ysgall bro,
a throi'r clai lle crawnai craith
y twyn yn dyfiant heniaith.

Â'u hyder hurt, clirio drain
anwiredd, dal i arwain
yn nos y rheg a'r sarhau
a hirnos y rhagfarnau;
yna, draw uwch llif Tawe,
lledai'r wawr i wyll y dre'.

A chaed gwerddon yn Lôn Las,
gwerddon lle brigai urddas
i'r Gymraeg a'i rhwyg mor hen;
daear hywaith cystrawen,
ac irfaes i dwf geirfa,
a thir dysg yr athro da!

Bu gobaith yn wrtaith iach
i lain yr addysg lawnach;
o gri'r môr hyd Dreforys
heriai'i chân trwy Weithie'r chwys,
a'r erw ddoeth yn rhyddhau
i'r ddinas stôr o ddoniau!

Awen y ddawns, cerdd a hwyl
a lenwai'r ysgol annwyl;
heb ofn âi'r gwyddonydd bach
i enaid pob cyfrinach,
a'r Gymraeg wych yn uchel
ar enau pawb wrth drin pêl!

Ac i'n hiaith bu trigain haf,
i'w newyn bu cynhaeaf;
ein plant, fe ganant yn gôr
eiriau iasol am drysor
dan y graith – caed cymdeithas
ym mhridd ffrwythlon ein Lôn Las!

Talyllychau

Yn y llun ar donnau'r llyn – fe welwn
    Adfeilion yn crynu'n
  Fyw i'n hoes, a chlywn fan hyn
  Air hud y gosber wedyn.

Ysgol Gymraeg Santes Tudful, Merthyr

Rhannu ias hen ffwrneisi – yr haearn
    A wnâi'r dre' cyn oeri;
  Fflamau gobaith ein hiaith ni
  Heddiw sy'n ffwrnais iddi.

Yr ynys

Fe gododd y llif gadarn
i hawlio dôl fesul darn;
y ddôl lle seiniodd alaw
fawr yr iaith yn mynd heb fraw
i donnau'r taw dirdynnol,
y dŵr a'i nos ddi-droi'n-ôl.

Ond rhyw dir welir o hyd
a hen air iddo'n weryd;
clogwyn y 'Drycha, Mami!',
craig galed y 'Dere di!'
Ofer yw meirch cefnfor maith
ar dwyni y crud uniaith.

Dal ati

I riwiau oer y sir hon,
i hau hadau breuddwydion
yr es; eto bu gobaith
y dôi i'r waun gnwd o'r iaith,
geiriau hardd yn fyw o'r gro,
y geiriau sy'n blaguro.

Daw y rhew i dorri'r rhain
yn y cae cyn eu cywain.
Ond er rhew, â hadau'r iaith
i'r rhiw foel mentraf eilwaith;

gwneud fel arall ni allaf,
a rhoi'r glyn i'r chwyn ni chaf.

Bore Treforys

Fe wawriodd uwch Treforys,
pawb ar ôl yn rhemp a brys
di-wên y bore'n barod,
yn hwyr i'w waith fel erio'd.

Amser taid, llifai drwy'r lle
res gadarn yr esgidie,
teulu piwr y metel poeth
yn eu gofal digyfoeth,
a brwd iawn pob 'Bore da!'
pan elai'r tramp yn wilia.

Lle bu un tro hymio emyn,
nawr eu duw yw Radio Un,
a neidr y cerbydau
yn araf, yn araf wau
trwy'r cwm diwyd ond mudan
heibio i'r tir lle bu'r tân.

Pont

Cawr uchel dros y relwe
a'i drem tua'r Gwaith a'r dre';
uwch adwy yn warchodwr,
a gwas i'w gwm, megis gŵr
a ddaliai yn ei ddwylo
ddur y frwydr dros ei fro.

Yn ddeg oed aem i'w throedio
a herio trên lawer tro;
droeon ar hon bu creu hwyl
yn ddiysgog, gan ddisgwyl
i stêm aflan injan hen
ein hawlio yn ei niwlen!

Graen y bont oedd asgwrn byd,
y gwyliwr dros ein golud;
â'r maen yn ddirym heno,
yn y cawr 'does ond y co'
am ddiwydiant a phlantos
yn eu hen hwyl ddydd a nos.

Crair yw hi, yn cario hedd
nes y daw ias y diwedd;
nid oes trac ac nid oes trên
yn y gwyll, ond ysgallen
yn fôr lle bu llafurwaith,
yn y De gwag lle ceid Gwaith.

Siaradwr newydd

Fesul sill adennill dôl, – hawlio gallt
    Fesul gair arloesol
  A chreigle fesul rheol,
  A dwyn i ni wlad yn ôl.

Gweithwyr iechyd a gofal, 2020

Y mwgwd yw'r drem agos, – y faneg
    Yw'r llaw fwyn sy'n aros;
  Rhithiau y calonnau clòs
  Yw dewiniaid ein dunos.

Papur bro *Y Llais* yn 30 oed

Galwodd o'r hen gywilydd – ei weithwyr,
    Galwodd iaith o'i hwyrddydd
  Yn gorff iach â geiriau ffydd,
  A'n dwyn ni i'r gad newydd.

Colli Dafydd Rowlands

Mor ddistaw adar Tawe, – a gwaced
    Llangiwc heb ei gamre;
  Ond ar waun uwchben y dre'
  Oedaf ger ôl y 'sgidie.

Ôl undyn, ôl y glendid – a welai
    Ar bob hewl a gerddid;
  Ôl yr acen gynhenid
  Yn parhau yn ei gwm prid.

Mynydd Gelliwastad yn Ebrill

Mae'n dda ar y mynydd hen
a'r hedydd ar ei aden;
fel carped, glased yw'r glog
ger crib dan wib yr hebog;
ag un llaw mae'r gwanwyn llon
yn iro'r llethrau oerion,
â'r llall, peintia'r briallu
yma'n dew rhwng meini du.

Bore llathr o Ebrill yw,
ond hoeden ddi-ffrwt ydyw;
disgyn cysgod difrodus
fel llen dros y foel a'i llus,
ias o wawd y storm sydyn,
a thry hedd y llethrau hyn
yn daran ddidosturi,
a dyna wawd ein byd ni.

Cywydd Croeso Gŵyl Cerdd Dant Casnewydd, 2008

Gwrandewch! O'r graean y daeth
un ddunos sain barddoniaeth,
miwsig o ryw gwmni gynt
yn nwyfus trwy'r hydrefwynt;
Gwernyclepa'n rhith-ganu
o neuadd fawr gwledd a fu.

A lle safai llys Ifor
alaw a medd fel y môr
oedd y lli trwy gwysi Gwent,
tŷ hwyliog i bob talent;
roedd tâl i feirdd a'u telyn,
nawdd oes i Dafydd ei hun!

Tŷ Ifor a'i Went hefyd
a'r beirdd, fe aethant o'r byd,
a bigitan gwylanod
a'u stŵr dros y dŵr yn dod
i aber Wysg, a throi bro
yn sain wag y Seisnigo.

Ond daw her i godi tŷ
eilwaith ar gae'r anialu;
hwn yw tŷ'r Gymraeg, un teg
a roddir fesul brawddeg
yn y tywod, tŷ ieuanc,
ond â'r llais llawn hyder llanc!

Teulu iaith yw'r tulathau,
geirfa hil sy'n ei gryfhau;
i'w lawn glod galwn yn glau
i Went hen Ŵyl y Tannau;
deuwch i gyd, dewch â gwên
a gwefr i Wysg a Hafren!

Atseiniodd ein gwahoddiad
i'r Ŵyl hon nes siglo'r wlad;
bydd Ifor yn ei morio
eto â'i wŷr dan ein to;
heb ei well, fe wn y bydd
canu yn Nhŷ Casnewydd!

Cywydd Croeso Eisteddfod Glyn Ebwy, 2010

Am un wythnos arhoswch
i g'wiro llys ar gae'r llwch;
cae'r anaf lle coronir
iaith Awst yn feistres ei thir;
lle disgynnws dwst y dur
arhoswch ar faes prysur!

Bu colyn treiswynt un tro
yn nhir Ebwy i reibio
y mwynau oll o'n cwm ni,
dwyn i'w nyth, a dinoethi
llechwedd, gan ddiberfeddu
y wlad werdd o'i pherlau du.

Yn y tir hwn clywyd trin
y gair am Siarter gwerin,
a gwas y ffwrnais iaswyn
a ledai wawr hawliau dyn
i droi niwloedd cymoedd caeth
yn heulwen ei Sosialaeth.

Ond, â'r awch yn nhawch y nos,
onid oedd clogyn diddos
dros y gwan yn y rhannu,
a rhoi torth rhwng llawer tŷ?
Rhannu bord rhag oerni byd,
ond llethrau'r hafau hefyd!

Nawr mae cwpan i'w rannu,
un llawn, pan ddeuwch yn llu
â'r Gymraeg i gwm yr harn,
ac o hyd bydd llaw gadarn
i'ch derbyn fel un i'r wledd,
a'r haul uchel ar lechwedd.

Tyrrwch i Ŵyl y tri chwm
i weled a chau'r cwlwm –
alaw'n hiaith i'r Blaenau'n ôl
a graen croeso gwerinol;
gŵyl a'i llys i'ch synnu sy
yn nhre' enwog y rhannu!

Cywydd Croeso Eisteddfod y Fenni, 2016

Deffro mae bro de Breos
ar lan Wysg ar ôl y nos;
os castell ein 'gwell' a gwyd
yn ei waliau goleulwyd,
dyma awr neidio muriau
hyll ein hofn a llawenhau!

Neidiwch y mur, deuwch mwy
i'r Fenni a Sir Fynwy!
Gem hen rhwng Gwy a mynydd,
sir y cof a'r trysor cudd,
sir ffrwythlon i ddigoni
eich Awst a'ch dyhead chi.

Ym min hwyr mae 'na hiraeth
ym mherthi'r sir megis saeth
drwy gorff; siant y Brodyr Gwyn
yn y dail, nodau'r delyn
honno'n hafwynt Llanofer,
yn drwm eu hud drwy y mêr.

Â'u dur bu gweithwyr ein Gŵyl
yn agor yn ddiegwyl
y gŵys i dyfiant y gân
hyderus – a'r band arian!
I droi cae yn dir cywydd
hir y dasg nes ciliai'r dydd.

Gwaddol y Cymreigyddion
a roddai liw i'r ddôl hon;
ynddi hi gall gwreiddiau iaith
afaelyd yn gryf eilwaith;
i'w dyfrhau mae'ch eisiau chi
yr haf hwn ar y Fenni!

Fe wn fod yn Sir Fynwy
fwstro mawr a chroeso mwy,
a bro heb un de Breos
ond un Ŵyl i danio nos!
Heddiw awn i feddiannu'r
erwau mwyn a neidio'r mur!

Ysgol Gymraeg Bryn-y-môr yn 25 oed

Plannwyd yr hedyn uniaith – i lynu
    Yn y glannau diffaith,
   Ac ar y lan tyfiant iaith
   Bob haf a welaf eilwaith.

Castell y Bere

Fe welais rhwng ei adfeilion – weddill
    Dyddiau'r holl freuddwydion
   Mawr, a llawr y dawnswyr llon
   Yn aelwyd i'r awelon.

Castell Cymreig

Difilwyr ydyw'r muriau – erbyn hyn,
    Ond yn nhŵr yr oesau
   Dihoena'n ei gadwynau
   Un musgrell, a'i gell ar gau.

Cywydd Croeso Eisteddfod Casnewydd, 2004

Tua Hafren yn dolennu
yr oedd hollt fel neidr ddu;
gwylan unig yn pigo
yn y broc a sbwriel bro;
y trai drwy'r llaid yn llydan
a'i anadl oer rhwng dwy lan.

Ond tu hwnt i'r foryd hir
alaw ewyn a glywir;
mae egnïon y tonnau
o bell yn cynhyrfu'r bae,
a llanw byrbwyll yno
i fwrw hawl ar ei fro.

Bwrw hawl ar aber wag
a garwedd glannau gorwag;
lle bu trai bydd llaib y lli
yn adennill hen dwyni,
llif uchel yn dychwelyd
â nerth y môr i'r traeth mud.

Llanw hwyr fel llanw iaith
yn rholio trwy'r sir eilwaith;
ffrwd ddi-daw ei chystrawen,
a llif diatal ei llên;
trwy'r ddaear fe daena'r don
waddod ei hymadroddion.

Eleni, fel dyli daeth
adduned ei barddoniaeth;
mae cân yng ngerddi'n dinas,
miwsig y wledd ym Maes-glas,
lleda'r wefr hyd Allt-yr-ynn,
heda trwy Ringland wedyn!

Mae llef yng ngharlam y lli,
nid anadl y dihoeni
ond yr her a llawer stranc
sy'n dod o dafod ifanc.
Yn Neheubarth y gobaith
afradlon yw afon iaith!

Hwyliwn oll rhwng glannau Wysg
o gwm a gwlad yn gymysg
i harbwr iaith a thre' braf
y gân oesol, gynhesaf;
aber lawn o gleber lon –
cenedl y fil acenion!

Ceisiwn ni ger Casnewydd
hafan a phentan ein ffydd
yn y Gymraeg; môr o hwyl
a rwyfwn yn ein Prifwyl,
llanw'r ymgynnull uniaith,
llanw hardd arall i'n hiaith!

Ysgol Gymraeg Tan-y-lan, Treforys

Oer i gyd yw tanau'r Gwaith, – ond yma
    Aelwyd dwym geir eilwaith;
  Yn Nhan-y-lan cawn liw iaith
  A thân y dosbarth uniaith.

O'r efail fach bellach bydd – y plant hyn,
    Plant y tân o'r newydd
  Yn cerdded draw o'u bedydd
  Yn yr iaith yn Gymry rhydd.

Ysgol Gyfun Ystalyfera yn 50 mlwydd oed

Nid yw gŵr y ffedog wen
ond eco; mud yw acen
y glöwr bach dan glai'r byd,
taran doe yw'r tyrn diwyd;
ond eto, baled gobaith
ydyw'r gân o dir y Gwaith.

O'r gro llwyd codwyd i'r cwm
a'i hirloes weithle'r bwrlwm;
torrai'r berw trwy'r barrug,
dygai'r haul i Allt-y-grug
a'r Darren, a daeth heniaith
i mewn o'r cywilydd maith.

I'r pridd hwn rhai piwr a ddaeth
i drin hedin gwybodaeth;
yn naear y siafft newydd
galw dysg i olau dydd,
ieithydd a gwyddonydd oedd
y cynnyrch wrth y cannoedd!

Hon yw melin Gamaliel,
y ddôr i'r Gymru a ddêl,
sy'n puro a rholio'r iaith
yn sail cymdeithas eilwaith;
wele'n calon a'n cwlwm,
nid ysgol, ond côl y cwm!

Llwyfan drwy hanner canrif
i lais ar ôl llais, yn llif
i herio Gŵyl, ac ar gae
gwlithog, enwog fu'r doniau;
daeth y wledd, awr dathlu hyn,
a bloeddio rhif pob blwyddyn!

Awr yw hon i gofio'r hwyl
– a'r rhegi – amser egwyl,
a, gerllaw, afon Tawe'n
estyn llaw trwy'i halaw hen;
awr yw hon a hirbarha,
awr fawr Ystalyfera!

Clebren y Cwm

"Glywest ti Lizzie a Len
heno yng ngwres 'u cynnen?
'I gwrw yw 'i gariad,
len bach, mae'n dwpach na'i dad!

Un hurt yw hon, nymbar tŵ,
a'i gŵr yn fachan garw,
hi â'i gwep heb weld sepon,
a Griff – 'sdim gwaith yn 'i gro'n!

Gweles Bess 'da rhyw ddyn byr
nos Fawrth, rhyw Price o Ferthyr;
dyna fis mae Dai'n 'i fedd
a Bessie'n lledu'i bysedd!

'Co Sue yn swanco i Seion
â rhyw foi lawr o Sir Fôn;
hwnnw â'i farf a'i wên fêl
a'r hen hwch â'i thrwyn uchel.

A honno o Drebannws
hyd yr hwyr ar stepen drws
yn gwylio pawb a phopeth
o bell – ofnatw o beth!

Nag wy'n un i slago neb,
wy'n un a gâr ddoethineb,
ond i rai sy'n byw'n y stryd
rhoi bai yw pleser bywyd ...

Y nhw â'u clecs ... O, 'co'r cloc,
mae Edwin am 'i *haddock*!
O wel, ddaw dim o wilia,
Duw a ŵyr – wy'n gweud Nos Da!"

Pedwar Pwll y Gleision, 2011

Felly, nid cysgu mae'r cawr
yn ei wâl dan y dulawr;
y dienw diwyneb
â'i gledd noeth nas gwelodd neb
erioed; ond un a rwydai
wŷr y glo, ceibwyr ei glai.

I lawr i'w safn elai'r saith
o dai clyd i'w caledwaith;
di-fraw i'r gad foreol,
a dôi'r saith bob noswaith 'nôl;
mwy, trwy'r oerfel ni weli
yn mynd tua'r hollt namyn tri.

Tyrn y waedd oedd tyrn heddiw,
tyrn y cri yn torri'n criw;
y dŵr brwysg ar bedwar brau
yw llif ein holl hunllefau,
y llif sy'n dryllio hefyd
waliau oes yn eu tai clyd.

Â phedwar gŵr aeth dŵr dig
hen geudwll melltigedig;
eto, pedwar yn marw
ym mriw noeth eu Cymru nhw,
a chaiff pedwar eu cario
a'u rhyddhau gan freichiau'r fro.

Y Flodeugerdd Englynion

Cist ein beirdd call,
Duwiau'n deall;
Aur cudd, clawr cau,
Sawr trysorau!

Yma gemwaith
Geir o graig iaith,
Ôl athrylith,
Beirdd bro, beirdd brith!

Gerallt – geiriau
Sobr i'n dwysáu;
Arfon – bonedd
Â'i lais yn wledd.

Twym yw'r gist hon,
Gŵyl i'r galon,
Trem ar emau
I ni'u mwynhau.

Ysgol Gymraeg Bro Helyg, Blaenau Gwent

Plannwyd yr hedyn uniaith – yn heulwen
    Bro Helyg y gobaith,
  A'r pridd trwm fu'n gwm y Gwaith
  Yw gweryd ein blaguriaith.

Lle rhedai craith y Gweithiau – Bro Helyg
    Yw broliant y llethrau;
  Ynys iaith yn ymfrasáu
  A glasu dros hen gleisiau.

Carreg Cennen

Mae'n oer ym meini hiraeth
y gaer hon. Ei gwŷr a aeth
i niwlen hen ryfeloedd,
ei hedd heb lafn, tawodd bloedd
milwyr rhydd a'u mawl i Rhys
yn wylo'r gwynt helbulus.

Lludw yw'r tân, daeth hollt i'r to,
a'r iaswynt aeth â'r croeso.
Mae yn y garreg fregus
hunlle rwth, ond castell Rhys
yw maen y carlwm o hyd,
trafael y tyrau hefyd.

Yno, ym manlaw'r awel
neu haul y dydd, ein gwlad wêl
ei llun ei hun; a gaiff 'nôl,
o wanwyn ei gorffennol,
y gaer fo'n gwylio gweryd
hydrin ei gwerin i gyd?

Defaid Blaenau Gwent

O dŷ i dŷ y deuent
i'n teras – *guerillas* Gwent!
Dod â gwae i stryd a gardd,
Hyniaid eofn, diwahardd;
hawlio bag, ysbeilio bin
yn eiddig a wnâi'r fyddin,
nes troi o'r garfan wlanog
o rwygo lawnt 'nôl i'r glog.

Yr hil ewn a gorlannwyd,
ni wêl lawnt y werin lwyd,
a thwtiach bellach yw'n byd
heb olion eu traed bawlyd.
Bu dofi rhaib y defaid
di-barch a'u brefu di-baid,
a'n harlwy mwy yw'r gair mêl
heb y rheibiwr a'r rebel.

Yn chwarel Llechwedd

Ar garreg, fel rhyw gorryn – yn y gwyll,
    Naddai gŵr uwch dibyn,
  A thrwy'r oriau, golau gwyn
  Yn ei gadw â'i lygedyn.

Caffi'r Pantri, Clydach

Troesom o wynt y rasel – yn awchus
    I fachu bord gornel,
  I drin y byd a'r hen bêl –
  Ewn yw piniwn ein panel!

Espresso cryf â hufen, – ein hoff de,
    Coffi da a theisen,
  A gwn fod yma sgonen
  Heb ei gwell i gymell gwên.

Eira tawel neu ru'r tywydd – tu fas,
    Ond tu fewn mae'n hafddydd;
  Cynnes iawn yw'r acen sydd
  Â'i chroeso yno beunydd.

Tyrd, gyfaill, i gyfeillach – â'n gilydd;
    Dyma galon Clydach,
  A dyma aelwyd dwymach
  I'r criw na holl westai'r crach!

Cariad Cymru

Mor berffaith dy weniaith di,
a melys ydyw'r moli
a roist ar fy allor wen;
'Ti fy ha', ti fy awen!
Gymru fy ing, Gymru fach,
ni welais fro anwylach!'

Ond, lanc, rhyw hudol wincio
o'i thŷ yr oedd yn ei thro
un arall, fel haul bore,
a ddenai ddyn o'i hedd e
â phwysigrwydd ei swyddi,
swyn ei hiaith a'i ffasiwn hi!

Troi i winllan wahanol
ddoe a wnest, ac ni ddoi'n ôl.
Felly, cer! Dy amser di
a basiodd, cer â'th bwysi
rhosynnod at ddrws honno –
d'eiriau coeg sy'n mynd o'r co'.

Oedaf. Disgwyliaf y dyn
â'i gariad fel blaguryn,
oherwydd gall synhwyro
fy ngwae, a'i wraidd yn fy ngro.

Daw â'i weddi ddistawddwys
i'r cae hesb cyn agor cwys,
ac awn ni â'r og newydd,
heb eiriau rhad, yn bâr rhydd.

Y slasien

(I bawb sy'n dysgu Cymraeg)

Â llam yn ei llais, trodd ataf un tro
yng nghiliau rhyw dafarn, a brolio ei bro;
Dior oedd ei hacen, Chanel oedd ei gair,
pan aeth, cododd hiraeth fel gwawn yn y gwair,
a gwyddwn na allwn ymlonni heb hon,
na byw heb ei nabod a'i chloi dan fy mron.

Dilynais y slasien o'r Rhondda i'r Rhos,
ac yfed o'i cherddi yn nwyster y nos;
fe lanwodd fy mreuddwyd, fe nerthodd fy nwyd,
rhoi lliw ar y llechwedd a blas ar fy mwyd;
ond corwynt yw'n cariad a'i dân i ni'n dau,
serch Burton a Taylor, gorawen a gwae!

Rwy'n drachtio a drysu, yn mynd gyda'r teid
oherwydd, fy slasien, be' ddiawl wyt ti'n ddweud?
'Ty'd yma, 'rhen hogyn ...', 'Wel dere, boi bach ...',
am awr o lapswchan caf ddwyawr o strach!

Rhwng dau a dwy, a thri a thair,
mae 'mhen i yn troi fel olwyn ffair;
mae cath yn 'gath', a'r gath yn 'chath',
allwedd yn 'goriad, llefrith yn lla'th!

Mae hi'n groten ffein, ac yn hogan glên,
a'r enath grintach yn rhoces fên;
cadno yn llwynog, a bord yn fwrdd,
darfod yn bennu, maharan yn hwrdd!

Panad yw dished, isio yw moyn;
ffwr' â chdi nawr, llamsachus fel oen!
Benthyg a mincid, twgyd a dwyn,
geiriau o bobman – mae'n farus, mae'n fwyn!

Mae'n denu a gwenu, ffromi a siomi,
bregus a brochus, llon fel y lli;
ond hon yw fy wejen, fy halen a'm hufen,
hon yw'r anwylyd sy'n fywyd i fi!

'Cangen onnen ydwyf i ...'

Dad

Hunodd ef, cragen o ddyn, – wrth orwedd
    Yn swrth oer, yn sypyn
  Digyffro; eto, yr un
  A ganodd i'w fachgennyn.

Llygaid fel dau fôr agored – heddiw
    Lle suddai'n ddiarbed
  Wrhydri, pob cri, pob cred;
  Y moroedd diymwared.

Oerodd heb air o ffarwel, – a wedyn
    Trodd y byd yn oerfel;
  Oeri'n iâ, a'r marw'n hel
  I'w dynnu draw i'w dwnnel.

Hel hwn, a fu'n oleuni – yn ei dwf
    Fel y dydd yn torri;
  Hwn o hyd acw'n medi
  Ei gynhaeaf welaf i.

A'i wanwyn yn chwerthiniad – y rhedai
    Trwy rwd y Dirwasgiad,
  Gwreichionen ag aceniad
  Erwau'r glaw a glowyr gwlad.

Bu heulwen pob mabolaeth – yn olau
    Ar hewl y gwmnïaeth,
  A rhwydo gôl ar iard gaeth
  Ei fyd oedd ei ddefodaeth.

Ond o'i hafau i'r difa, – i goedydd
    A chysgodion Bwrma
   Y daeth, lle bu drwg a da
   Yr oes yn cydrodresa.

Yno, rhyw ŵr ar batrôl – a welaf
    Ar geulan fygythiol;
   Dwyn gwŷr i'w pwrpas iasol,
   A'u dwyn hwy i gyd yn ôl.

Yr oedd i'w gwm wreiddiau gwâr, – yn ei gwm
    Fe gadd ddyfnder daear,
   A'i galon ddiymhongar
   A rôi yn ôl i'r hen âr.

Coleg y strydoedd culion – oedd Harrow
    Ei braidd oriog; athro'n
   Tywys llu'r defaid duon
   Ar eu ffordd heb godi'r ffon.

Rhannai gêm yr hen gymoedd – i'r ifanc,
    Rhoi'i ofal i gannoedd;
   Hwn Shankly a Busby oedd
   Ar domen hir ei dimoedd.

Ar lain gymen Gorffennaf – alaw'r bêl
    Ar y bat a gofiaf,
   Dad a'i lun yn un â'r haf
   Ar gae hardd y gwair gwyrddaf.

Un gair rhwydd oedd ei geryddiad, – a gair
    I gall ei arweiniad;
  Gair di-lol cyn arholiad!
  Geiriau da, dyna oedd Dad.

A heno duodd wybrennydd – y cwm
    Uwch cyrff ein dau fynydd,
  A du iawn yw adenydd
  Y nos hon, y dduaf sydd.

Ond lle bu Rhagfyr a'i wae – yn rhewi
    Ein bro a'n teimladau,
  Oni ddaw haul i ryddhau
  Awr o wanwyn i'r bryniau?

I'r hen dyle trof eto, – ac yma
    Bydd hen gamau'n eco;
  Dad a'r còg yn dod o'r co'
  A'u haul yn eu hanwylo.

Llwch 'Nhad a Mam

Â'i wisg o hiraeth, ei llwch wasgaraf
ar hyd y border, ac fe hyderaf
mai yno nawr, yn cymuno'n araf,
bydd elfennau'r ddau drwy'r hirnos dduaf,
a'r ddau, a'u heiriol olaf – ar fy nghlyw,
rhwng blodau byw gyda'u Duw adawaf.

Wyrion

Dere di ar draed o wêr,
a rhodia, er dy freuder,
o gadair i gadair, gan
ennill dy gŵys dy hunan.

Dere di, fe weli fyd
o gewri yn agoryd,
y Twrch Trwyth a'r tylwyth teg,
y cŵn hud acw'n hedeg!

Ar dy rawd fe ddoi ryw dro
i fedi cae'r gofidio;
ond heddi trwydded iti
ydyw cerdded – dere di!

Anrheg Nadolig

Y siopau'n drystiog â'r gwario gwirion,
heidiau'n eu drama a'u codau'n drymion;
o'r twrw hwnnw a'r strydoedd llawnion
yn awr fe giliaf, a braf i galon
un ffisig, achos digon – yw'r heddwch
a ga'i o harddwch dy lygaid gwyrddion.

Priodas Brieg a Shabnam

Yng Nghaer-wysg mae dysg i'r dall – a bedydd
    Gwybodaeth i'r angall;
  Awch da a fo i'ch deall
  O'u cael, a meddyliau call!

Yng Nghaer-wysg bu'r lleng ar waith – yn codi
    Muriau cedyrn unwaith;
  Deled eu cysgod eilwaith
  I'ch rhan, fel tarian i'ch taith.

Yn nŵr Wysg y bu parhad – hen alaw'n
    Gyfeiliant i'ch cariad;
  Dal i'ch cynnal wna'r caniad
  Ar y lôn hyd eitha'r wlad.

Ewch chi, Shabnam a Brieg, – yn ddedwydd,
    Ewch i ddodi carreg
  Aelwyd oes, ac awel deg
  I'w bywydau bob adeg.

Priodas Dyfan a Catrin

Traeth Môn mor dirion, camp Duw – â'i wyneb
 At y tonnau hyglyw;
 Tirion iawn fel Catrin yw,
 A hudol fel hon ydyw!

Boed haul neu law, gwyra Tawe'n – loyw
 Lle bu'r glo a'r domen;
 Ar ei glan mae arogl hen
 Ei broc, a bri ei hacen!

A dau a drodd o'u dau draeth – i'w hantur,
 Dau ŷnt ag un hiraeth;
 I fwynder un aber aeth
 Dau hyddysg â'u gwleidyddiaeth.

Rhyngoch gellwch gario angor – eich serch,
 A saff eich taith ragor
 I ynysoedd eich trysor –
 Cariad mawr fel crud y môr.

Catrin a Dyfan, amdanoch – bo'ch haf,
 A baich hawdd fo arnoch
 Heb wae, lle bynnag y boch,
 A rhan o Gymru ynoch!

Priodas Meilyr ac Anisha

Yn ei ddail Mehefin ddaeth – i annog
    At lain eich partneriaeth;
  Yn rhadlon, eneinio wnaeth
  Acer ir eich carwriaeth.

Hon yw llain eich llawenydd, – hon yw llain
    Eich holl anadl beunydd,
  Ac i'w haul, gyda'ch gilydd,
  Ewch â phwyll, troediwch â ffydd.

Yma, hir fo'ch tymhorau, – ac euraid
    Ddiguro fo'ch hafau;
  Hyd eich dôl boed i chi'ch dau
  Orwelion llachar olau.

Ac os cwyd rhyw gysgodion – wedi haul
    Y dydd, bydd bendithion
  Yno i'w cael yn encilion
  A sgwrs glòs yr hwyrnos hon.

Mae aelwyd, Anisha a Meilyr, – yn awr
    Yn aros â'i chysur;
  Y mae rhwng ei phedwar mur
  Ddyddiau hael a diddolur.

Cwpan cystadleuaeth bowls

Nid metel llachar ei ochrau arian
na chynllun dyn yn y grefft ei hunan,
na hen glod i'r enw glân, – enw braf! –
yn awr a welaf, nac achos brolian.

Na, tes a swynion hen lawnt sy yno,
bois annwyl, a'r hwyl, pob *wood* yn rholio
fel hydd, a bach o floeddio – gydol haf,
a'i wyneb welaf – mae Dad yn bowlio.

'Yn y bêl daeth gwib alaw ...'

Y chware gynt

Clywaf uwch rhu'r gaeafwynt – eu rhedeg
    Ar y stryd oedd eiddynt;
   Gemau clòs bechgynnos gynt
   Yn nyddiau'r freuddwyd oeddynt.

Cerrig oer yn marcio'r gôl – a'u hudai
    I'w Sadwrn tragwyddol;
   Hen lanw'r gêm chwedlonol,
   Hen lanw'u hwyl, 'mlaen a 'nôl.

Bois di-hid! Er heb stadiwm, – onid oedd
    Eu dyddiau yn fwrlwm?
   Rhoed eu cae ar stryd y cwm,
   Cae o waed wedi'r codwm!

Dyma hi, distaw mwyach; – lle bu gêm
    Llaib y gwynt a'i rwgnach.
   Y stryd fud lle bu llif iach
   Ein criw anwar – ond croeniach!

Cae'r pentre

Haul tymor uwch y gorwel, – yn y cwm
    Lle bu'r cae mae'n dawel;
  Nid yw'r bat yn cledro'r bêl,
  A'r sychwellt sy'n fras-uchel.

Shane Warne

Pob cyhyr yn consurio – am y bêl,
    Grym bys yn ddiflino,
  A'r batiwr, dan raib eto,
  Wêl fwlch yn ei 'gelfi' o.

Cae Tir Canol, Treforys

Daliwyd! A wiced olaf
dydd o Awst yw diwedd haf;
yn yr ias fe betrusaf.

Taeniff y cysgod heno
ar gae'r hwyl ac egni'r gro,
hen gae hud yr ergydio.

Daw gwyll dros ffrwd o gellwair,
oeriff y waun lle bu'r ffair
a'i gwŷr, digysur yw'r gwair.

Ar gynfas glas y bois glew
daw wedyn fisoedd dudew
ochain yr hwyr a chno'r rhew.

Wedi'r ornest, ymestyn
nos ei hadain mor sydyn
o borffor dros dymor dyn.

Cae'r Fetsh

Dyma dywarchen ein sagrafennau
a dyma hiraeth yr hen dymhorau,
Terry ac Ifor yn troi gaeafau
ein tynged galed yn haf o goliau!
Yn y cwrdd o amgylch cae – ffyddloniaid
bu rhannu enaid ar hir brynhawniau.

Ashley Williams

Erw noeth yw'n Sadwrn ni,
cae cad, a'r gwynt yn codi
dros dai dirodres Tawe,
a daw'r ias i fêr y dre';
yn y gad pwy a geidw
y werin hon a'u tir nhw?

Ond yn y tîm un dyn tal
ac union saif i gynnal
y gaer yn ei lifrai gwyn,
yn golofn rhag pob gelyn;
yn wyneb gwrthwynebwyr,
hwn yw'r maen sy'n sadio'r mur.

Heddiw â'i dacl fel cledd dur,
bob tro yn leinio'r blaenwyr;
drwy dân y frwydr y daeth
â'i hil i'w buddugoliaeth;
canwn i'n cadben heno
ag awen frwd gân y fro!

Rygbi

Wyf hyll, ond wyf gyfeillach,
wynebau hud Gwion Bach
neu wedd y môr sydd i mi,
yn wenau neu'n trochioni;
wyf antur rhwng gwŷr yn gwau,
wyf gawr, wyf ei gyhyrau!

Wyf hudwr ac wyf hoeden,
y sawr pur sy'n drysu'r pen!
Gweinion crimp a dynion cry'
a fyn ias o f'anwesu;
bob tro yn gyffro i'r gwaed,
bob tro yn uno'r henwaed.

Ym Môr y De mae rhyw don
hwyliog yn naid fy nghalon,
a gwaedd yn tasgu heddiw
o lif wyllt y dymhestl fyw;
tornedo, taran ydwyf,
cynghanedd cynddaredd wyf.

Y mae hiraeth y Maori
a thân ei fyth ynof fi;
arf ei hil i ryfela
yw cais drecha'r Pakehá
yn y drin dros ei linach,
yn y drin dros dir ei ach.

Rhennais gaeau athroniaeth
Laager Afrikaner caeth,
a'i wagen draw'n rhygnu dro
trosof yng ngêm y treisio,
nes bu awel Mandela'n
dwyn crys yr enfys i'm rhan.

Rhwng tir Bagnères a Clermont,
yn fy nawns mae'r Sauvignon,
y cae llawn *je ne sais quoi*
a'r henddawn yn yr hindda;
a chaf wên at f'awen i
yn nhalaith y Fratelli!

Ond y mae un wlad i mi,
un hil am f'anfarwoli;
ar waun Cymru werinol
mae gwlith f'athrylith ar ôl;
ei niwl oer yw fy haul i,
yng nglaw hon mae 'ngoleuni.

O'i hen gwm ochrgamwn
ag awch fel bwled o'r gwn;
yma bu pawb yn nabod
dirgelion, manion fy mod
erioed, ac yma rhedaf
a bwrw hud ar faes braf!

Y teras

Fe safwn yma'n stwcyn bach
dan chwip y gaeaf du,
un llaw yn glyd ym mhawen Dad
a'r llall yn llaw Tad-cu;
a drama pnawn y pymtheg dyn
yn curo'r cowboi ar y sgrin.

Yn nosbarth y Sadyrnau gynt
fe ddysgais fesur cic,
tafoli gwerth pob maswr chwim
a phàs pob mewnwr slic,
a'r crwt rhwng athronyddol wŷr
yn rhannu dysg y glo a'r dur.

Ond aeth ffraethineb coliar call
i ganlyn eco'r gwynt,
fe dyf y chwyn a dant-y-llew
ar risiau'r teras gynt,
ac ar hen erw'r ddrama fu
ni cheir ond chwip y gaeaf du.

Snwcer

Nos Wener yr her oedd hi,
nos Wener y bois heini;
y gang â mwg ieuengoed
yn mwytho gwddf pymtheg oed;
rhai cŵl â'u geiriau celyd,
yn adar ewn ar ben stryd!

Troi i'r Stiwt, a'i wersi dwys,
eneidiau'n eu paradwys!
Torri ein cwys, trin y ciw
yn yr eiliad amryliw,
a rhoddi prawf o'n gwreiddyn
yn y ddefod ddod-yn-ddyn.

Clecian isel y peli
drwy'r lle megis mydrau'r lli
ar gerrig; rhegi hwyrol,
wynebau rhwth, geiriau brol,
arwyr brith, sawl neidr bro,
a finnau'n eu rhif yno!

I dyllau ein diwylliant
âi'r bêl lefn – nid brwydr i blant!
Yn y ciw roedd odlau cudd,
yn y ciw yr oedd cywydd
y dref a'i hadar ifanc,
yr awdl fawr yn llaw'r llanc.

O'r ciw cael mesur cywir,
trin â'r ffon hyd noson hir
liwiau'n gwefr ar liain gwyrdd,
gleiniau ar gynfas glanwyrdd,
a llunio'n y gwyll yno
eiriau cerdd at fur y co'.

'Oedwn awr gyda'n harwyr ...'

Cyfarch y Prifardd Dafydd Rolant yn Archdderwydd, 1996

Haf ein Gŵyl ar gefn y gwynt
yn llanw'r gorllewinwynt,
ac i dref ar bigau drain
daw gŵr oediog i arwain
o encil ei bafiliwn
i faes hardd a llif y sŵn.

Wyt gapten ein llên a'i llais,
ti yw Hadlee'r melfedlais,
ein Bradman diwylliannol
a wasgar ddysg ar y ddôl,
wyt Wooller, wyt Gower gwych,
yn gadarn, yn ergydwych!

Onid Maynard y meini
yn tanio'i wŷr wyt i ni?
Wyt Sobers, wyt was abal
yn dy waith, ac eto'n dal
yn Ddafydd trwy'r holl ddefod,
a ffrind hyd fywyn dy fod.

Cofio Derec Williams, Llanuwchllyn

(a fu farw adeg Eisteddfod yr Urdd, 2014)

Y mae'r ŵyn ym Meirionnydd
yn nhir yr Ŵyl heno'n rhydd,
gwelaf lond Maes o afiaith
a dyma'r oed â Mai'r iaith;
ond trwy'r mur yn nhŷ'r mwynhau
y dringodd neidr angau.

Nid Gŵyl ond nodau galar
yw'r dôn trwy ganghennau'r dâr;
y sioe gerdd yn lleisiau gwae,
i'r lli digri daeth dagrau;
gwnaed ei Ŵyl yn gytgan dwys,
gŵyl werdd yn gae galarddwys.

Derec, mae gwlad o hiraeth
ar dy ôl; rhy gynnar daeth
awr y dawnus, bywus, bach,
awr ei huno i'r croeniach;
a oes gwerth i Faes a Gŵyl
heb wyneb eu mab annwyl?

Fe aeth o'r Llan ei chaniad,
athro teg a mwythau'r tad;
tristwch hyd Amlwch yw hwn,
galar hyd reg a wylwn.
Ond er hyn, clywn nodau'r iaith
a thraw rhyw alaw eilwaith.

Daw o'r llwch, o'i d'wllwch dall,
gnwd ir rhyw ganiad arall;
cân tri etifedd heddiw,
yn y cawl mae blas y cyw;
y mae'r ŵyn ym Meirionnydd
ym min yr ha'n llamu'n rhydd!

Cofio Gerallt

Yn ei freuder rhagfur ydoedd – i'r iaith
   O flaen rhemp y gwyntoedd;
  A heddiw gwn mai hwn oedd
  Ymryson Cymru'r oesoedd.

Cofio Ken Maddocks, Brynaman

Unig yw crib y mynydd, – ac unig
   Agennau'r creiglennydd,
  Ond trac ei gerddediad rhydd
  A welir hyd y moelydd.

Cofio Dai Davies

Daeth oerfel, Dai ni welwn. – Ing y bwlch
   Rhwng ei byst a deimlwn;
  Ond os ryw ddydd dewiswn
  Dîm i'r llun, Rhif Un fydd hwn.

Dafydd Iwan

Hwn oedd brawd y Pibydd Brith – a ddenai
    O ddinas ein dadrith
  Yn heriol tua lleurith
  Y golau hud yn y gwlith.

Arweiniai draw i fraenar – ei oes werdd
    Nas arddai'r encilgar,
  A dyfriai ein cae claear
  O gawod dwym ei gitâr.

Wyt ti'n cofio'r tymhorau – a'i gân ef
    Yn gnwd rhwng y bryniau,
  A phryd bu cyffroadau
  Trwy'n dyffryn syn yn dwysáu?

Rwy'n gwrando heno sî-dî'r – hen eiriau
    A'r hiraeth yn llosgi;
  Eto daw fy ienctid i
  Yn ei sŵn, cyn briwsioni

Yn ddim ... ond Dafydd o hyd – a ddaliodd
    I alw ac ysgwyd
  Cymru i rannu'r ennyd
  Yn ei gân, yn rhydd i gyd!

Federico García Lorca

Taflodd y gwas gynfas gwyn i guddio clwyf a gwaedd y ganrif;
neidr oedd haul Granada, a thân, uwch llofruddiaeth Awst.

Bwrw dy ing i'r sbwriel, a'th eiriau o groth hiraeth tyner,
a wedyn lluchio blodau dy lais yn un cawdel hyll.

Er hyn, trwy lwyn yr orenau, fe gododd o lif gwaed dy gerddi
un pennill a dry'r poenau yn sudd rhwng y brigau swrth.

Un pennill a dry'n benillion o waed, ar adain trwy'r dyffryn;
adar dy freuddwyd ydynt, yn aros, aros fel sêr.

Ac alawon a glywaf yn y tir, a gitâr dy Sipsiwn;
eiddot yw'r gân dragwyddol, prydferth yng ngardd y bardd byw.

John Evans, Clydach, yn 80 oed

(Piler i'r Gymraeg; carwr criced)

Ac o hyd ar lain ei gwm,
betiaf fod John fel botwm!
Yr unionaf ei safiad
ar ffyrdd a chae gwyrdd y gad;
ar y sgwâr, taer i sgorio
yn ei waith er iaith y fro.

Di-hid o lambeli'r daith,
hwn yw Hanif yr heniaith!
Mola'r dyrfa ei wyth deg
o wanwynau; doed chwaneg
yn y man at gyfanswm
hael un gŵr ar lain ei gwm.

Priodas Aur John a Brenda Evans

Ger Tawe a'i chlebar mae gardd eich cariad,
a cheir ym mhriddyn eich hir ymroddiad,
John a Brenda, dwf da pob dyhead,
boed ddydd goleuwych, boed ddyddiau glawiad.
Yr haul sy'n euro eiliad – y gwledda,
yn euro yma erw'ch ymrwymiad.

Cyfarchiad i'r Prifardd Tudur Hallam, 2010

Yn Aber-arth pwy biau'r iaith? – A phwy
    Ddwg ei phŵer eilwaith
  I'w dywallt i'r cwm diwaith?
  Pwy a'i dwg ar stomp y daith?

Bron i don y cwestiynau – ein boddi
    Heb waedd, a lli'r ofnau
  Yn gôr cryg ar y creigiau;
  Môr o fraw yw Cymru frau.

Ond Tudur, a'r lli'n curo – ar heniaith
    Trwy Ionawr y rhwygo,
  Heibio'r allt, trwy wacter bro,
  Gweli enaid yn glanio.

Gweli hen ddygnwch gwylan – yn glynu
    Wrth ei glannau'i hunan;
  A gweli hyd y geulan
  Y tir lle genir dy gân.

Trwy rym yr hen batrymwaith – gwau geiriau
    Dy gerydd yn gampwaith;
  Swyno'r awdl o seiniau'r iaith,
  Hudo gwlad i galedwaith.

Tudur dda, Tudur ddewin – yn dy rwysg,
    Tudur wych yn meithrin
  Geiriau yn fflangell gwerin,
  Geiriau her ar y lan grin.

Tudur yw tad yr awen! – A heddiw
    Clywir bloeddio llawen
Hywel ac Abertawe'n
Dathlu dydd llywydd ein llên!

Ymddeoliad Rhiannon Harris

(Pennaeth Ysgol Gymraeg Lôn Las)

Yn nhalaith Tawe ddulas – eneiniwyd
    Brenhines i'w theyrnas;
  Daeth Rhiannon i Lôn Las,
  Awen wylaidd i'w phalas.

Arweiniodd â geiriau union, – ei deddf
    Ydoedd dysg a safon,
  Egwyddor oedd ei choron,
  A'i gwlad oedd yr ysgol hon.

A thrwy bob targed wedyn – gwelai wedd,
    Gwelai werth y plentyn,
  A rhoddai iddo wreiddyn
  Drud yn ei weryd ei hun.

Gwarchod ei phlant yn flodau – y Gymraeg
    Ym mhridd yr hen Weithiau;
  Diwyllio'r fro a'i dyfrhau
  O gaer yr addysg orau.

Hon y gaer, hon a garodd – yn eirias,
    Y gaer a gynhaliodd
  Yn y drin, ond caer a drodd
  Yn dref o gariad rywfodd.

Pwyllwch, ceisiwch eich cysur, – Rhiannon,
    Profwch rawn eich llafur;
  Y mae haf tu fewn i'ch mur
  Yn agos, a byd segur!

Alun Wyn Bevan yn 60 oed

Awel na fyn dawelu
ddaw o darth y Mynydd Du;
'does gostrel i'r awel hon,
nac un hoe i'w hegnïon,
ond yn ei dawns, gwadnau dyn
a welir – a naid Alun!

Canaf i'w rhawd, cawn fawrhau
awel wynt y talentau;
fel Hobbs ar y wyrddaf lain
gwyrai i'w off-dreif gywrain,
ac athro'r ddysg ragorach,
dysg ddi-gur yr awyr iach!

Rheolai ef gaeau'r wlad,
unbennaidd ei chwibaniad!
Dyn praff ar Rodni Parêd
a dofwr rycwyr Dyfed,
·heb angen sbectol solet
i weld bai, fe'i nodai'n nêt!

Taer yw'r llais sy'n peintio'r llun
yn dalog o faes Dulyn;
o Doulouse daw ffrwd o liw
yn ei adrodd diledryw,
a grym Cymraeg yr Aman
trwy'r awyr yn taenu'r tân.

Trigain pluen eleni
yn ei het a blannwn ni,

a'i ddilyn o'n sedd eilwaith
wrth iddo dwymo i'w daith,
a cheith yr awel chwythu
yn ddi-daw o'r Mynydd Du!

Colli Nigel Jenkins

Hyrddia'r môr brochwyn bob munud – â rheg
  Ar y creigiau'n ynfyd;
 Aeth synnwyr Bro Gŵyr i gyd,
 A'i llafar ar goll hefyd.

Ond clywn trwy wylo'r morwynt – a'r tonnau
  Eiriau uwch y cerrynt,
 Y geiriau oedd yn gorwynt,
 Geiriau gŵr yn nagrau'r gwynt.

O Fro Gŵyr fe â'r geiriau; – hwn yw bardd
  Y byd a'i amserau;
 O'i hoff bridd fe gaiff barhau
 I'n galw i'r tir golau.

Doug Bodycombe, Clydach, yn 90 oed

Buost ar gaeau bywyd
yn gynt na'r taclwyr i gyd;
yn gynt na'r gaea' yntau
a thymor heth y marwhau;
ti o naddiad gwlad y glo
yn ddyn ein clodydd heno!

Hir ofalu y buost,
ar gael, beth bynnag fai'r gost;
Samariad o'th doriad wyt,
a *medic* y cwm ydwyt;
gorau gofal, gofal gwên
na welai neb ond Olwen.

Ti wedyn yw'n treftadaeth,
dwrn a phryd y werin ffraeth
yn bywhau'r storïau rhwydd,
ein cof aur a'n cyfarwydd;
a chaf lwyth braf o hwyl bro
yn dy wedd nad yw'n dyddio.

Yn gyllell o asgellwr
a'i ddawns fel brithyll trwy ddŵr!
Yn y gwynt clywn dôn dy gôr
a'i hwb twym ymhob tymor;
moriai Doug â'i mi-re-do
a grasai'r hen Garuso!

Da yw cael y naw deg haf
yn dy wyneb dianaf;
mae Clydach a strach pob stryd
yn byw ynot bob ennyd;
pennod ein straes hanfodol,
a chân oes na chawn yn ôl.

Hyd gaeau dy shifft gywir
mae craith dy g'ledwaith yn glir;
down yn gant i dân ein gŵyl
i goroni gŵr annwyl;
nawr, Doug, wyt falchder dy ach,
a goleudy dy Glydach!

Cofio'r Parchedig Kenneth Lintern

Ysgolheictod a ddodir – yn y gro,
    Gair eofn a gleddir;
  I'w bridd duwioldeb roddir,
  A gwas y Cwrdd i'w gwsg hir.

Rhoddi dysg yn y pridd dwys – a'r marwor
    Ger Mary i orffwys,
  A dyma'r gŵr diamwys;
  Heddiw bydd yn rhydd o'i bwys.

Yn ieuanc, fe gyrchai fywyd – uchaf
    Rhydychen; bu hefyd
  Yn ddarn o'r Rhondda o hyd,
  Yn rhan wâr o'r hen weryd.

Yn ei god fe gludai'r Gair – i feysydd
    Ei ddefosiwn disglair;
  Heuodd y Gwir, trodd y gwair
  Ar waun yn ŷd yr Henair.

Gweai iaith y pregethwr, – a manwl
    Oedd min yr esboniwr,
  A daeth gwybodaeth y gŵr
  Yn wledd hael i addolwr.

Llais hyglyw Duw, eto'n dad; – anwylyd
    Ei deulu amddifad,
  A'r pentre'n brin o'i gennad
  Nos a dydd yn ei dristâd.

Ond yn y cof dyna Ken – a'i alwad
    Bob Sul o fro'r niwlen
  I ddolydd lle'r oedd heulwen
  Ei Ysgrythur bur yn ben.

Pantycelyn

Go frith yw tras y gaseg,
ac mae'r daith trwy Gymru deg,
y cwm hardd a'r caeau mân,
yr un i'r gŵr ei hunan
â hewlan trwy anialwch:
gwlad yn llaid, golud yn llwch.

Yna trwy'r bwlch, uwch to'r byd,
hwn a wêl ei Anwylyd;
alaw hiraeth, fel eryr,
a'i cwyd o ddyffrynnoedd cur,
a thrwy winllan ei ganu
y daw ef at ddrws Ei Dŷ.

Dylan, 1953

Yn y gwirod trodd geiriau
ei fri yn watwareg frau.

Mall yw cangau'r afallen,
gwyll oer am y gelli hen;
bore'i wefr a'i lwybr rhwydd
yn nos daer o ddistawrwydd.
Ar riw ei gynnar awen
ni chilia'r niwl chwil o'r nen,
rhiw foel lle bu'r afalau
ir eu sudd yn ymfrasáu.

Ond yn ffynnon barddoniaeth
corddi mae'r hoff redli' ffraeth
o'r Wenallt trwy'i thir enwog
lle canai'r gair fel y gog,
a'i ffyrdd mor wyrdd ag erioed
yn esgyn rhwng y glasgoed.

Cyfarch y Parch. Dewi Myrddin Hughes

(50 mlynedd yn y weinidogaeth, 2015)

Seinier o blwyf Llansannan
i Glydach hoff glod a chân!
Y mae alaw a moliant
yn y cwm am hanner cant
o hafau, ein hafau ni
efo Duw – hafau Dewi!

Hiraethog oedd ei frethyn,
glynai'r fro amdano'n dynn,
a ger y ffald fe gâi'r Ffydd
rhwng brwyn ac ŵyn y mynydd;
annedd oes oedd y Ffydd hon
rhag galar ac awelon.

Yn ei ddôl clywodd alwad
o erw Taid at gwysi'r Tad,
i droedio, i aredig
yn daer yng nghysgod y wig,
galwad i daenu Golau
Duw a'i waith, galwad i hau
hadau'r Iôr o dref i draeth,
galwad at fuddugoliaeth.

Rhannodd wae y Rhondda hir,
gwelai waedu y glodir;
yn Rhydaman fe lanwai
dai â'i fawl i'r Un di-fai;
goleudy o fugail ydoedd,
awel iach o fugail oedd!

Ond daeth galwad i'r adwy
oedd ym maes y preiddiau mwy;
coleddu trwy Gymru i gyd
eu twf a'u nychdod hefyd,
yn bennaeth Annibynia,
llywiai'r ŵyn trwy'r gwyll a'r iâ!

Yn nhŷ'r cur a'r tosturio
adnabu ei Iesu o;
yr Un a drôi'n daear rad
yn fyd yr Atgyfodiad;
Dewi â'i Grist, gyrrwr og
gair Duw trwy'r gweryd euog.

Pan â hynt y lamp yn is,
awr iasol yn troi'n greisis,
na, nid angel a weli,
ond dyn wrth dy erchwyn di;
daw â'i hedd i'r dioddef,
daw â'i air, Dewi yw ef.

Ger gwely y gŵr gwaelaf
a chwyno hir sant a chnaf,
dyma hwn; ein gwarchod mae,
yn gyfaill trwy'r gaeafau;
pob un, heb ofyn, a wêl
Dewi yn gwrando'n dawel.

Heuwyd cwys ei bum deg haf,
ac i ni rhoes gynhaeaf;
llais rhyfeddod a godwn
am loywder yr amser hwn;
seinier o blwyf Llansannan
i Glydach hoff glod a chân!

Cofio Dr John Davies, Abertawe

Dwyn John o'i Fethel melys, – a'i erlid
    O'i ddarlith ddeallus;
  Brwnt, rhy frwnt, oedd galw ar frys
  Ŵr a'i ddysg mor ddiesgus.

Ond i Ann cwyd hen donau – eu cariad
    Uwch gwanc oer yr angau,
  Ac os maith y nosweithiau,
  Y gân hon nid yw'n gwanhau.

Er cof am Ruth Salisbury

(Swyddog addysg Sir Casnewydd, yn gyfrifol am y Gymraeg)

Yn ddifraw, fel alaw'r moelydd, – aeth Ruth
    Ar hedd ei gobennydd
  I'w gwyll sydyn derfyn dydd,
  A huno'n ei llawenydd.

Bydd petalau'r blodeuyn – yn eu tro
    I'r pridd trist yn disgyn,
  Ond o hyd cawn weld wedyn
  Drwy y gwyll eu gloywder gwyn.

O'r sychdir gwelir ysgolion, – egin
    Y Gymraeg, yn prifio'n
  Flodau tal; y mae calon
  Ruth o hyd yn yr iaith hon.

Yn ddiwair bydd ei hawen – yn aros
    Fel y lloer uwch bedwen
  A thir oer y llethrau hen,
  Yn aros inni'n glaerwen.

Colli'r Parchedig Derwyn Morris Jones

Un nos oer, a Chymru'n syn, – i'w hedd hir
    Gyda'i Dduw aeth Derwyn
  Heb un si, a ni fan hyn
Â gwayw ymhob gewyn.

Derwyn aeddfed ei araith, – a Derwyn
    Diwyro ei obaith;
  Rhôi er Duw ar hyd y daith,
  A gweini Erddo ganwaith.

Yn rhy rwydd, fel cilia'r haf, – âi Derwyn
    I'r distawrwydd dwysaf,
  Ac aeth i'r düwch gwaethaf
  Wyneb y Rhos a ffrind braf.

Aeth y duwiol o'n haddoliad; – rhwygwyd
    Pregeth ei welediad,
  Gweddi ei argyhoeddiad
  A golau'i Iôr o Sul gwlad.

Trwy'r drain, pwy a'n harweinia? – Pwy a rydd
    Stamp y Rhos ar oedfa?
  Tywys dyn at Iesu da
  A ellir, heb y Calla'?

Un ar ôl un, mae enwau – y cewri
    Ar y cerrig beddau
  Moel o hyd yn amlhau,
  A ninnau'n rhif mwy tenau.

Ond ust, o rywle mae emyn – newydd
    Yn cyniwair, cymun
  I uno'r saint, a'r Gair sy'n
  Ein herio â llais Derwyn.

A thon trallod yn codi – yn uchel,
    Yn y cwch mae'n cwmni,
  A Derwyn a'i dosturi
  O hyd yn un gyda ni.

Er cof am Ann Rosser, Llansamlet

Oer hydref, a Llwyn Brwydrau
trwy ias y dydd yn tristáu;
lle hiraeth, a llaw oerach
dydd o boen ar strydoedd bach,
dydd enbyd trwy'r cwm mudan,
dydd hyll pan adawodd Ann.

Distaw yw adar Tawe,
distaw a dialaw'r De
i gyd, ac Ann yn gadael
ei llain hi heb bwyll na haul;
gwagle trwy Lansamlet sydd,
heb Ann, mae'n wagle beunydd.

Anial yw'r cwrdd barddoni,
tawodd cân ein hoedfa ni;
tawelodd ceinciau telyn,
iaith y saint a'r dosbarth syn;
aeth y chwerthin o'r winllan
a gwres ddoe pan groesodd Ann.

Ond bywyd brwd a bwyd braf,
cân oes gyfan a gofiaf;
byw diflino, byw gobaith,
byw er bro, byw er ei hiaith;
Cymru oll oedd cymar Ann,
lodes y Gymru lydan!

Pan grynhown, pan drown ar dro
i'r gorlan, cawn Ann yno,
yno fyth, ei gair yn fyw,
a'i bonedd, balchder benyw;
a hwyl Ann a'i haelioni
a gadwn oll gyda ni.

Cofio Dr Charlotte Davies

Nos o hyd, a ninnau'n syn, – nos o hyd,
    Nid oes haul i'r flwyddyn;
  Y mae rhwyg draw ym mrigyn
  Dewr yr ardd drwy'r oriau hyn.

Heb Charlotte rŷm yn dlotach, – heb ei dawn
    Mae'r byd oll yn wacach;
  Aeth, fe aeth yn dawel fach,
  A hyll yw Chwefror bellach.

Eto, acen Kentucky – a barha
    Â'i thinc brwd fel cenlli
  O'i chalon, gan ffrwythloni
  Gardd ein hau a'n gwreiddiau ni.

Anghyfiawnder a heriodd – â'i henaid,
    Er y gwan ymgyrchodd;
  Er ei rhai hoff fe ymrôdd
  Â'i hanwes, ac ni flinodd.

Ein Charlotte ddoeth, Charlotte dda, – a gofiwn
    Drwy nos gyfyng gaea',
  Ac i'r ardd daw atgo'r ha'
  I ddyn, a bydd hi yna!

Paul Robeson, 1957

Clir yw llun yr aduniad.
Ias a golau'r disgwyliad
ar wedd bybyr glowyr gwlad.

Nhw, yn neuadd cynhaeaf
corau bro a'u synau braf,
am fyw y ddrama fwyaf.

Bu taw. I'r llu distaw daeth
llais o gôl rhyw ddrychiolaeth,
ond o aelwyd brawdoliaeth.

Y diair a wrandawodd,
nwyd yr ŵyl yn oedfa drodd,
ac yna – hwn a ganodd.

Canodd o'i loes, canodd lef
anniddig hen ddioddef
a niwl hir ei bobl ef.

A moriodd hwn am ryddhau
y dinod o'i gadwynau,
am herio byd y muriau.

Yn ei gân daeth du a gwyn
yn agos, dail un brigyn,
dwy alaw o'r un delyn.

Rhu pob llew a ddistewir.
Ond yn awr, o wrando'n hir,
o'i glai, llais hwn a glywir.

Cennard Davies, Treorci

Oedai'r rhwd ar gledrau'r iaith,
a llonydd oedd pwll uniaith
y Rhondda, ond yna daeth
rhyw ŵr i lenwi'r hiraeth;
agorodd hedin geiriau,
heriodd oes i'w hailryddhau.

Gwelai waddol, a'i gloddio,
a'i roi'n ôl i'w werin o;
codai o'r baw gystrawen,
rhofiai o'i llaid eirfa llên,
a geingio o graig angof
iaith y gân eilwaith i gof.

I'r gwyll lle bu'r siafft ar gau
ac yn gul dygai'n golau;
cadarn Treorci ydyw,
a Mabon ei Hermon yw,
yr un â'i fyw'n siwrnai faith
o geibio yng nghwm gobaith!

Helen Prosser

Eisoes, a hithau'n nosi,
criw clòs sy'n ei haros hi
â'u hawydd i dramwyo
efrau'r wers i'w newydd fro;
eu dwyawr o droi daear
arw y ddesg yn ardd wâr.

Â'n hwyr, ond hon sy'n arwain
i dir yr iaith hwnt i'r drain;
dros hafnau yr amheuon
ym mêr oer y Gymru hon
a'r trefi sy'n colli'u co';
i'w cae ir myn eu cario.

Yn ysgafn llywia'i dysgwyr
dros y dwfn ar drawstiau dur
y Gymraeg; y mae rhyw ias
yn ei gair, a draig eirias
yn ei bol all danio'r byd,
a thafod heniaith hefyd!

Mae'n eu gwarchod a'u dodi
yn llaw iaith tu draw i'r lli,
yn dalog eu brawdoliaeth,
i hawlio cwm o'r niwl caeth.
Tan y foel mae'r gwynt yn fain –
â'n hwyr, ond hon sy'n arwain!

'Golau maes, treigl y misoedd ...'

Cloch Medi

Wyt ti'n clywed cloch Medi – yn galw
    Trwy giliau'n cartrefi,
  A chlywed ei 'Dere di
  Yn awr cyn iddi oeri'?

Arogla holl wyrddni'r glyn – cyn yr heth,
    Cyn i'r rhew anhydyn
  Fferru'n mêr, cyn i'r deryn
  Wibio o'r nyth a'r bryniau hyn.

A llenwa o'r perllannau – y seler,
    Blasa haul y dyddiau
  Ir a rhithiol yn ffrwythau
  Ein haf cyn i'n gaeaf gau.

Dere i weld blodau'r allt – cyn i law
    Fel cân leddf ymdywallt
  Ar wyneb dyn a bronnallt
  A'u pwyo hwy â'i chwip hallt.

Heddiw bydd byw! Rho heibio waith – am dro,
    Medi'r haul a'r afiaith
  Ydyw hwn, saib ar y daith;
  Yr alaw nas ceir eilwaith.

Moddion gwanwyn

Ar Gellionnen daw'r haul i ddenu
anial y gweryd i ailflaguro;
mae i wehelyth yr oen ysmala
ei funud hwyliog ar fawn y tyle,
a chytgan y côr ac eco'r gwcw
a gwyd o gyll a derwgoed y gelli.

Yno dihunaf o gysgod annwn,
llywiaf yn ôl o hunllef y niwlen,
camaf trwy afiaith felen yr eithin
a dyna fy nhroed yn hafnau'r rhedyn;
ym mrig awelig daw nodd i'r galon
a llif o wanwyn i'm pwyll fy hunan.

Gŵyl Ddewi

Dan fin yr awel, y lliaws melyn
a chwâl â'u lliwiau hualau'r gelyn;
caned aelwydydd ein cenedl wedyn
i'w gwŷr a roddodd er cadw'n gwreiddyn;
i wlad oer daw fel aderyn – o'r rhos
ein bore agos â dail i'r brigyn.

Cyn y storm

Llawned yw daear Medi
a'r haen o haf arni hi;
dyma haul ar gnwd melyn,
awr Duw wedi llafur dyn,
a gobaith yr ysgubau
ydyw cân aeddfed y cae.

Gwên eang Ei gynhaeaf
yw ein gwledd ar ddiwedd haf;
o gwysi'r had megis rhith
cododd aur haenau'r gwenith;
y mae'r ŷd fel môr o aur
a'r haidd fel afon ruddaur.

Gwnaf, synhwyraf trwy'r hafddydd
y drymiau swrth; rhyw storm sydd
yn magu, chwip ddu a ddaw
i wastio'r meysydd distaw.
'Fory hyll a ddwg ei friw,
ond haf a waeddaf heddiw!

Gwanwyn

Fe gaed yn nhwf y goeden – gyhoeddiad;
   Gwaeddodd pob un ddeilen
  Mai angof ydyw'r grofen
  Rewllyd, a bywyd sy'n ben!

Eira Ebrill

Ar ôl Mawrth y torheulo, – yn y pîn
   Eira'r Pasg sy'n lluchio,
  A daw o'r wig ambell dro
  Awel angau i'n blingo.

Sul y Pasg

Drwy'r fro, rhyw gyffro a gaf – i'm henaid.
   Treiglwyd maen y gaeaf
  O'r ogof oer, ac fe af
  I wynto'r blodau cyntaf.

Gwylan

Gwyra uwch creigiau geirwon – yn oediog
  Fel Meiledi'r eigion,
 Ond naid am y frechdan hon
 Yw gêm y gnawes gomon.

Merlyn mynydd

Ni wêl hwn â'i hynt aflonydd – y Cylch
  Na pharc ir y trefydd,
 Ond trwy feinwynt, ar fynydd
 Y mawn a'r rhew – y mae'n rhydd.

Blwyddyn

Helyntus â hi'n blentyn, – yna tyf
    Yn bert iawn ei chlogyn;
  Tewed ei cholur wedyn,
  Ac i'w gwallt daw'r arlliw gwyn.

Yr allt yn Ionawr

Y gwern yn rhes esgyrnog, – y rhedyn
    Yn gatrodau llarpiog,
  Deri Mai lle galwai'r gog
  Yw llu'r henwyr gewynnog.

Adduned

Er iaswynt, mae llaw brysur – yn nerfus
    Gynhyrfu y blagur;
  Eto, di-ffael yw natur
  I addo'i balm drwy'r dydd byr.

Dau aderyn

Wennol fach, haul haf a aeth,
a niwl yw dy gynhaliaeth;
hen esgus iti'r lasgoch
wibio ar hynt uwch môr broch
tua glan dy hafan di,
tir haf yr ail gartrefi.
Haul hafod ar dy blufyn,
a ni'n oer, yn oer fan hyn.

Ond drwy'r oerfyd bydd drudwen
gyda ni, dan gawod nen,
barrug gwyn yn brathu'n bro
a'r iaswynt yn ei threisio.
Cymdoges, Cymreiges rydd
ydyw hon, ei hadenydd
yn hedeg â thraw gwydn,
a'i thraed ar ei thir ei hun.

Hydref

Rhad yw dy golur a huda galon,
dy liwiau anllad yn don afradlon;
ond oera dy wên sy'n mwydro dynion,
yr hoeden sarrug, dy bryd yn suro'n
oriog, dy anwes tirion – yn pellhau,
a'th freichiau hwythau yn esgyrn noethion.

Y ddrudwen

Gwelaf adain glwyfedig
ar lawr boreol y wig,
deryn yn gwaedu orig.

Naid fer heb bryder o'r pren
a rhedeg wnaeth y ddrudwen
i'w bwyd rhwng dwy bioden.

Ar goll mewn môr o gellwair,
yn ei hwyliau ni welai'r
un gath dan ddryswch y gwair.

Anwel oedd traw y bawen,
lluched o nodded y nen
ddi-ail ar ddydd o heulwen.

Haf ar wig, a'r asgell frau
honno fel papur tenau
yn rhwygo dan y brigau.

Dau lygad del lle gwelir
y gwewyr rhwth rhwng gwair ir,
y cri ieuanc a rewir.

Dyn â'i swae fel drudwen sydd;
ni wêl hwn ar awr lonydd
hen wyneb ei ddihenydd.

Eirlysiau

Pob dydd mor fyr, Rhagfyr yw
i frodir; Rhagfyr ydyw
ar y byd a phob gŵr byw.

Ar y waun mae'n ddechreunos
ganol pnawn; oer iawn yw'r rhos
a'r dyffryn yn ei ddunos.

Amser yr iselder sydd
ar aelwyd a'r heolydd;
du yw'r cae, mud yw'r cywydd.

Yna oedaf; yn sydyn,
er mor frau, mae gwenau gwyn
yn eu twf rhwng y coed hyn!

Dyna'r addewid inni;
i lannau'r digalonni
daw wyneb rhyw ddadeni.

Mai glawog

Cnwd o feirdd fu'n canu dy fawl,
y swynwyr proffesiynol!
Felysed oedd dy fil o leisiau
a'r haul miniog i'r Almaenwr;
y mis harddaf i Dafydd
yn denu i garu
dan y gwŷdd.

Ond eleni, mor wlyb yw dy lannerch
a'r glaw rhydd yn treiglo'r allt,
pwy gydorwedd yng ngogleddwynt
creulon pob noson a wnawn?

Fe wawdiaist, fe dwyllaist, do,
y dynion a ddeisyfai dy wyneb,
a rhannu poen, yr un peth
â'r geiriau cas
a sura serch.

Bae Breichled, y Mwmbwls

Fe dynnodd y llif danaf – ei law oer
    'Nôl o'r lan, a gwelaf
  Lle bu'r rhu y pyllau braf
  A lliwiau'r crancod lleiaf.

Os alltudiaeth ar draethell – yw eu rhan,
    A'u môr hallt yn hirbell,
  Dychwel atynt gerrynt gwell
  A'i anwes yn un llinell.

A hwy, fy nyddiau difai, treio – maent
    Fel y môr, ond heno
  Nid yw ei rythm yr ail dro'n
  Dod o'i fae i'm hadfywio.

Trwy'r wig

Dilyn y ffordd dawelaf
a wnes i; gwên gynnes haf
ei hunan yn fy nenu
i wlad werdd o'm hwyliau du.

Drwy hen wig y crwydrwn i
yn eofn – yna rhewi!
Y gweilch oedd yn f'amgylchu,
hen goed tal a'u llygaid hy;
gwg ysgeler y dderwen
a'i chefndryd mud uwch fy mhen;
llechai braw rhwng y ffawydd
haerllug oedd am grafu grudd,
a'r hen fedwen am fodio
bochau; gwreiddiau dan y gro
yn drysu hynt rhodiwr syn,
yn rhwyd i'w lorio wedyn.

O'r düwch des o'r diwedd,
o'r llwyn oer allan i hedd
y foel, a'm hunllefau i
yn ôl yn eu costreli.

Tachwedd

Er apêl y colur melyn – ar wig
    A'r paent rhudd ar frigyn,
   Er minlliw eurliw yr ynn,
   Heneiddio y mae'r flwyddyn.

Trugaredd

Oedais uwchben caledwedd – y ddaear
    Ddoe, a'r gwynt o'r gogledd;
   A heddiw gwyrdd oedd ei gwedd –
   I'r gweryd daeth trugaredd.

Y llyn

Hyd wyneb ei grychdonnau – y gwelaf
    Golur byd a'i ffrwythau,
   Ond oerwyll ei ddyfnderau
   Yw'r gist a geidw ar gau.

'Mae gorwel hwnt i'm gweryd ...'

Cywydd Brecsit

Cuddier y Deuddeg Seren,
ar eu llu hwy, tynner llen;
ni fyn Cymru'n meddwl caeth
oleuni eu holyniaeth,
ni fyn eu gwawl ar fynydd
a môr pan dywyllo'r dydd.

Fe safai enfys hefyd
uwch cae a fu'n goch cyhyd
gan wayw hen gynhaeaf
a'i gryman hagr ym min haf;
lliwiau Ewrop uwch lloriau
y byw llawn sy'n ymbellhau.

Lliwiau'r pobloedd oedd iddi,
a diwedd ofn ydoedd hi;
enfys y freuddwyd ynfyd
y dôi'r balm lle udai'r byd,
ac enfys lle caem ganfod
hwnt i'r niwl liw tir ein nod.

Er hynny, Wlad y Bryniau,
hwyliwn oll i lawenhau!
Mae heddiw'n hardd, meddan nhw,
y mae Ewrop yn marw!
Mae'r hoff bau o'i rhwymau'n rhydd
ac erddi torrodd gwawrddydd!

Fe gawn reoli'n ffiniau!
I'r gaer! Bydd y drws ar gau
i'r Pwyliad a'r ffoadur,
dihunwn bawb nad yw'n bur
Brydeinwas o'n bro dyner,
a 'nôl â hwn i'w wlad flêr!

I'r rhai dewr mae'n fore da,
tywynnodd haul Britannia!
Mwy ni ddaw fel glaw trwy'r glyn
hen nodau'r Nawfed wedyn;
yn glir cawn 'Hope an' Glory'
tra mad yn alwad i ni!

Y brics yng nghastell Brecsit
a roed gan ddau siwper-Brit;
gwalltiau golau'r Llewgalon
ar welydd rhydd y gaer hon,
a gŵr a'i beint sy'n breintio
y byd â'i ddoethineb o.

Aiff, fe aiff y cloc yn ôl
i'r hydref ymerodrol;
yn unig, saif Prydeinwyr
ar eu dôl yn hogi'r dur,
â'u cred yn y Spitfire cryg
yn chwimio trwy'u dychymyg.

I'r Cymro, yn ango' aeth
hen Ewrop y Bartneriaeth,
a'i ddiléit fydd dawns ddi-lol
â Sais mewn priodas oesol,
a neis iawn ar ei fys o
addurn ei iwkipeiddio.

Ynys oer heb un seren
ydyw'n byd, a brad yn ben;
dolurus yw'r enfys oedd
yn gwâr-uno gwerinoedd,
a chwyd mur tristwch wedyn
ar hen draeth brawdoliaeth dyn.

Plentyn

Nosau di-ri trwy ei sgrech a strywiodd,
yn dawel awchus ei fwyd a luchiodd,
dogfennau'r aelwyd i'r ci a fwydodd,
hen greiriau'i deulu yn egr a dwlodd!
Ond er hyn, hwn ydyw'r rhodd – ddaeth o'r Nen
yn seren lawen, a'n byd oleuodd!

Gwlad yr olewydd

Prudd yw'r meysydd dan y Mur
yn deilio yn eu dolur,
hirloes sy trwy lysieuyn,
afon wae yw'r dŵr fan hyn;
lle bu bro dew'r olewydd,
un maes o hyd imi sydd.

Yn y Mur ceir gorthrwm oes,
yn y maen y mae einioes
hil o ŵyn a gorlannwyd
yn eu gloes gan garreg lwyd;
a gorwedd hwnt i'r garreg
erddi dwfn ein breuddwyd deg.

Y mae hil yn Deir Hammár,
hedyn doe yn ei daear;
hedyn da Eden o dir,
caeau harddwch nas cerddir
gennyf yn awr, ond sawraf
o hyd holl ffrwythau eu haf.

Yr ha' mwyn tu hwnt i'r Mur,
ha' i redeg â'm brodyr
ar wib i hwyl ger y bae,
i rannu'r cnwd orenau,
a bu yng ngweddi Al-Bahr
gilio rhag draenen galar.

Daw eco oes, llais Tad-cu
yn ei henaint yn canu
alawon yr olewydd,
ysgafnhau holl dasgau'r dydd.
Canu rhydd, canu'i wreiddyn,
cân enaid ei daid ei hun.

Yn Yafa gwelais hefyd
waed ar wedd ymhob un stryd,
a chadfaes lle bu chwydfa
gynnau hir yr Haganáh;
rhedais, ond collais Tad-cu
dan y goeden yn gwaedu.

Mae ei fedd a'm haf heddiw?
Y tir hardd a'r brodyr triw?
Tonnau hwyr y tynerwch,
soned y llwyn? 'Does ond llwch
hen gof am ellyg Yafa
a'r 'falau aur, oer fel iâ.

Heddiw, un olewydden
wydn a saif fel gŵr dan sen,
a'i chnawd tywyll a chnotiog,
angau'r haf ar frigau 'nghrog.
Hen olewydden fy ngwlad
yn hirnos ein galarnad.

Aradr

Heb fantell, draw'n y cae pella' – y'i rhoed,
    A'r rhwd yn ei bwyta;
  Gwn y daw y gwanwyn da,
  Arni hi pery'n aea'.

Gofid y fam

Am roi'r bach ym mhair y byd – euog wyf,
    Ac fe gaf fel dedfryd
  Weld twf clau ei gastiau i gyd,
  A thwf fy artaith hefyd.

Llymeitiwr

Un diball wedi deubeint, – a rhy drwm
    Ar ei draed 'rôl pumpeint,
  No hoper wedi nawpeint,
  Pwy a ŵyr 'rôl deuddeg peint!

Y newydd-anedig

Ar ddechrau'r daith, heb eto'i greithio,
tamaid cyflawn, pob henddawn ynddo;
yr alaw annwyl, greddf arlunio,
chwant i arwain, ag awch anturio,
neu a gaiff o bwll ei go' – neu o'r wig
y wefr eiddig a lofruddio?

Nadolig 1914

Ffosydd trwy gorsydd yn gwau
i hiraeth y pellterau;
dwy rych trwy fwd yr ochain,
dwy rych ein penyd yw'r rhain.
A geiriau'r hen wladgarwch
am ennill hawdd yma'n llwch.

Ffosydd fel seirff, a'u hisian
tywyll trwy fyd hyll y tân
a ladd yr engyl heddiw
ar dir lle bu farw Duw;
treia niwl ar hyd tir neb
ar weunydd ein 'gwarineb'.

Darnau o gyrff draw'n y gwyll,
hogia' doe dan glog dywyll;
braich segur yn malurio,
tair coes yn y crater 'co;
yng nghaeau fferm dring o'u ffau
lygod i gnoi'r penglogau.

Yn nhywyllwch y deillion
rhy ddu ydyw'r dirwedd hon;
yn y ffos fe gladdwyd ffydd
yn Nuw a Daear Newydd,
a galar yntau'n gelain
yn y baw rhudd dan gri'r brain.

Ond heno, ffrynt wahanol
yw hon; heb ru, tawodd brol
y gynnau, y rhew'n gannaid
a llaw oer yn cannu'r llaid;
nos yw fel 'tai Duw yn dal
i'n tirioni trwy'i anal.

Y fro noeth yn pefrio'n wyn,
nos glir a phridd disgleirwyn;
mae'n hwyr, cof dyn yn gwyro
at yr hewl i'w gartre o;
dychwel, ac fe wêl o hyd
hen aelwyd ac anwylyd.

Yna, o'i flaen, fe wêl lôn
gynnil o lygaid gwynion;
mil cannwyll ddi-dwyll a dardd
o ddüwch, yn ddiwahardd;
cadfaes yn faes defosiwn,
allor a gwyd yn lle'r gwn.

Hyd yr hwyr ymleda'r hedd,
eiliad o anfeidroledd,
rhyw eiliad anhraethadwy;
dim ond gŵr yw'r milwr mwy,
dyn, a lleuad yn lliwio
awr ddwys ei unigrwydd o.

Crynu nawr y mae'r ddunos,
a pha wyrth sy'n cyffro'r ffos
ond côr yn hudo carol
heddwch o ddüwch y ddôl,
ac o lain y gelynion
dihuna Duw yn y dôn.

Am mai nos y Cymun yw
a byd y Preseb ydyw,
am mai naws yr Almaen hen
heno a drecha'r gynnen;
'Heil'ge Nacht', dihalog nos
i ddynion, a hedd unnos.

Glas y wawr, a'i golau sy
yn eneiniog feddiannu
gwŷr y gwaed a dagrau'r gad
â'i wên oren o gariad.
Un gymdogaeth. Ni saethir.
Mae'n ddistaw. Taw dros y ffrynt hir.

Gwawr dyheu uwch y gro du,
gwawr tawelwch, gwawr teulu;
i'r rhai hyn dyma'r ennyd,
o'u pant fe godant i gyd
a rhodio fel ysbrydion
i'r oed yn y ddaear hon.

"Rhyfedd dies' Treffen heddiw,
o ja, du bist fy mrawd byw;
Kumpel, der Himmel ar waith,
eine Gabe, ein gobaith!
Gebt die Hand lle gwibiai tân,
töricht addoli taran."

Daear hedd, dau lu yn drwch,
a gwirion eu brawdgarwch;
dau lu'n un, a'r llu hwnnw
heddiw'n hurt yn eu cwrdd nhw;
ond i'r rhain fe ddaw drannoeth
hen dôn cadfridogion doeth:

"Pa les yw eich chwarae plant?
Yn y gwn mae gogoniant
dyn a gwlad; trowch eto'n glau
a hogwch eich bidogau!
Tro maboed yw'ch cadoediad
i groesi'n brenin â'ch brad!"

Yfory cwyd llef arall
o rymoedd hen y storm ddall;
martsio heibio i'r Baban
eto, a'u hynt tua'r tân,
a'u cân hwy, ddrycin a haf,
yn groch yn y Goruchaf.

Cynnen

Fel rhoi llaw i'r ysgawen – a'i hagor
    Ar bigau miaren,
  Rhwng dau gâr gwana'r gynnen,
  A'r twyll rhwng dau gariad hen.

Yn y dechreuad

Hŷn yw hwyrwynt persawrus – yr hafau
    Na'n trefi gwybodus;
  A hŷn yw'r afon hoenus
  Na llif yr oes a'i holl frys.

Tebot

Nid hwn! Nid oes yn y tŷ – ei hyllach,
    Ond ni allaf daflu
  Hen was y cymdeithasu
  A dwymai gynt fyd Mam-gu.

Clogwyni gwynion Dwfr, 2016

A'n gwlad yn dwys galedu, – yn eu sialc
    Mae Sais yn crechwenu;
  Rhoes y diawl ar ddrws ei dŷ
  Hyn hefyd: 'Ewch i grafu!'

Eto, o graffu'n union – ar eu hedd
    A'u hen ruddiau gwelwon,
  Y gwelaf o'u dirgelion
  Ddeigryn yn disgyn i'r don.

Yfory

Ryw haf pan na fyddaf i – ond ewyn,
A doe wedi oeri,
A ddeil angerdd fy ngherddi
Yn dwym yn dy galon di?

Henaint

Smalia taw rhith yw'r britho, – ond dwed di
Taw twyll yw'r edwino,
Ac ai rhith ddaw i greithio
Gaea' dy gnawd gyda'i gno?

Cytundeb Gwener y Groglith

Yn y llun o'r ysgwyd llaw – a'r gwenau
Rhy gynnil trwy'r manlaw,
Eistedd ymprydiwr distaw
A'i wlad rydd mewn cornel draw.

Y gweinidog

I ardd y gobaith gwyrddaf
yr aeth hwn ar drothwy'i haf;
hau hedyn ei genhadaeth
yn ei air, a thyfu wnaeth
eneidiau Duw'n flodau del,
llinach fach yn dwf uchel.

Daeth sychder difaterwch,
y lliwiau hardd drodd yn llwch
dua'r ffos, a blodau'r Ffydd
a hunai rhwng y manwydd,
a rhoed henwr, garddwr gynt,
i orwedd rhag yr oerwynt.

Colli cariad

Tân oer lle bu tynerwch, – a lludw
    Lle oedai diddanwch;
  Fy holl ing yw rhofio llwch
  Rhyw wanwyn o dirionwch.

Cinio Nadolig

Tawelwch sydd ar y teulu – er fod
    Môr o fwyd i'w flasu,
  A hyn yn dod i'w synnu
  O ben Gwen: 'Ble mae Mam-gu?'

Yr atgof olaf

Ias olaf y noswylio – a mi'n hen
    Fydd mwynhau yr atgo'
  Ohonot; canfod trwy'r co'
  Dy wyneb nad yw yno.

Newid

Yn y llun pwy ddiawl yw'r llanc
diofid â'i wrid ifanc?
Y stiwdant â blas dedwydd
ei dri pheint yng ngwydr ei ffydd?
Dwy law am ei feinwen dlos,
llif maith ei weniaith unnos
yn sŵn y ddawns; noson dda
yn hwyl y bacanalia!

Yn y drych pwy ydyw'r un
â'i law mor frau â'i flewyn?
Heno caiff hwn ei goco
a rhygnu i'w wely o,
ac o'i lofft gwêl ddawns y glaw
yn hawlio'i stryd ddialaw.

Terra tristis

O'm cleien cewch eich geni, – a hunwch
    Yn llain fy nhosturi,
  Ond, blant y chwant, troesoch chi
  Â chyllell i'm harcholli.

Beddau'r Gymanwlad, Bayeux

Dyluniwyd afradlonedd – y corwynt
    Ar y cerrig unwedd
  Mewn rhengoedd syn, gwyn eu gwedd
  Wedi düwch y diwedd.

Trawsblaniad

Ei ingoedd, na phwy ydoedd o – ni wn,
    Ond derbyniais ganddo
  Guriad y galon honno
  Fel hwb yr haf trwy sofl bro.

Tanau Awstralia

Mwytho'n Typhon dan ein to
yn fud, ond cadd ei fwydo
ar ein holl ddifrawder ni,
a'i wreichion yno'n cronni.

I'r byd dall ffrwydrodd allan,
yn ddi-daw, chwythodd ei dân
i ysu'r coedydd gleision,
rhuddo haen y dirwedd hon,
difa dyn, difa â'i danau
y meini gwâr; fflam yn gwau
i wneud llwch o ffrwd a llyn,
grawn llachar a'r gro'n llychyn.

Er rhodd ein talentau brith,
er alaw ein hathrylith,
perchen y cant o bennau
i'r hen gell ni fedrwn gau!

Madainn na hAlba

(ar ôl refferendwm annibyniaeth yr Alban yn 2014)

Trwy'r Glyn Mawr bu'r wawr erioed
yn deg yng nghangau'r dugoed,
yn rhoi colur i'r Cuillin,
taenu'r paent yn nhir y pîn;
ond 'nôl ymdonna eilwaith
dros bob tŷ y fagddu faith,
nos y dall, nos i dwyllo,
nos brudd dros ynys a bro.

Er hyn, y mae rhai a wêl
donnau gwawr dan y gorwel;
gwawr hanes, gwawr wahanol
i ddwyn oes gwlad rydd yn ôl.
Gwyliwn am hon trwy'r Glyn Mawr,
am ryddid ym myw rhuddwawr,
a ffrydia fel sagrafen
olau byw trwy Alba hen.

Bwthyn Padraig Pearse yn Ros Muc

Yn daer uwchben ei stori, – gwelai ing
   Y glaw ar ffenestri
  Drachefn, ond fe drôi'r defni
  Yn waed hil a'i rhyddid hi.

Cymodi

Ar ôl cerdded trwy'r bwledi – ysol
   Ar faes y gwrhydri,
  Dewrder gwên yw'n hangen ni
  Wedyn, pan ddaw'r cymodi.

Yr ogof a'r arth

Crynu a llwgu; gwyll ogof – y gell,
  Oerni'n gyllell trwof;
  Heno wêl neb mohonof
  Yn y caets, ac af o'm cof.

Yr hen ogof lle sgyrnyga – yr arth
  Â thrais yn ei chylla;
  A fi fan hyn, trof yn iâ,
  Rhewaf, a'r arth a rua.

Diwyneb, daw amdanaf – yn ei hias
  Ar y noson dduaf,
  Ac i Dduw y gweddïaf;
  Daw yn nos … ac udo wnaf.

Malu dwrn ag asgwrn gŵr – yn awchus;
  Mae crechwen erlidiwr
  Fel cryman yn llaw'r pannwr,
  A phen y gwan dan y dŵr.

Awr sgrech sy'n drech na duw'r oes, – y gri hon
  Ydyw sgrech fy einioes;
  Y sgrech drom, y sgrech a droes
  Wae heno'n waedd o'r gynnoes.

Yna gadewir yng ngheg y düwch
rywun â'i ddolur yn ei eiddilwch,
a'r arth a ddychwel at ddiogelwch
y teulu gwerthfawr ac awr tynerwch;
ennill hedd a golchi'r llwch, – a'i wraig o
yn dod i addo cusan dedwyddwch.

Colli'r arwyr

Un tro bûm yn gwylio gwŷr – yn gwau hud
    Ar gae fel consurwyr;
  Ac un ac un try'r henwyr
  O'u cae i dwnnel y cur.

Doethineb

I orffen y cymhennu, – i gorddi
    Daear gardd a'i phlannu,
  Er mwyn glanhau taclau'r tŷ,
  Ni fu awr fel yfory!

Cariad coll

Er i'w dail o'u gwrid olaf, – annychwel,
    Droi'n llwch, eto gwelaf
  Rwysg y goeden, a gwenaf
  Wrth gofio hir wyrddio'r haf.

Newid hinsawdd

Ionawr, a'r Alpau'n denu ar gyfer y gaeafol wyliau;
orig o hwyl i'r werin ar ôl ein llafurio hir.
Ond O! Y mae'r *piste* mor dawel, a Gwae! Heb un sgïwr medrus;
esgair heb smic o eira, heb rew pob mynydd a bryn.

A dyma allt lawn blodau Mai, yma mae'r *chamois* yn chwysu;
twym eirias yw'r tymheredd, mae'n ddeg, mae'n bymtheg, mae'n boeth!

Ond talais bres am fy mhleser, tair mil! Pwrs trwm iawn a gollais;
llogais – yn wledd i'r llygad – sgis y sêr a'r gêr i gyd!

Ionawr a dry yn Orffennaf, Ewrop dry'n Sahara hefyd;
a'n gwyliau? Pwy a gawlodd fy hwyl? Beth ddwedaist? Y fi?!

Nyrs Covid

Y mwgwd uwch trem egwan,
arwres gudd dros y gwan;
y wedd nas adnabyddwn
na'i hoed chwaith drwy'r düwch hwn;
rhith o waed, prydferth ydyw,
anwyldeb diwyneb yw.

Rhyw air neis a rown yn ôl
â'n genau annigonol;
a rhyw geiniog i'r hogen?
Nid yw'r rhith yn siwper-drên,
nid hon yw'n Trident enwog,
ni all hon deilyngu'n llog,
wa'th yr angel ni wêl neb,
ond ei hanwes diwyneb.

Awst 6, 1945

Haul Awst yn tawel estyn – ei anwes
    Dros ddinas a phenrhyn,
Ei law gariadus ar lyn – yn gynnes,
A'i nwyd a'i wres yn cofleidio'r rhosyn.

Eto, tu ôl i dolach – yr haul mwyn
    Ceir haul mawr, disgleiriach,
Haul dychrynllyd ein byd bach, – ein dedfryd,
Yn ysu'n bywyd yn is na bawiach;

Haul y dydd y gwelwyd dyn, – er yn ddall,
    Yn troi'n dduw, a cholsyn
Ei rodres yn cynhesu'n – dân golau
A gloywi'i lwybrau â'i angau ei hun.

Gaza, 2023

Gwae dyn pan gwyd y mwg du – o Gaza,
    Gwae oes yr ynfydu;
   Anialwch lle'r oedd teulu,
   Rwbel tawel lle'r oedd tŷ.

A gwae hil â'i hamdo gwyn – yn lapio
    Einioes lipa'r plentyn;
   Y Ddaear sy'n galaru'n
   Wylo twym wrth weled hyn.

Ond draw'n y coed orenau – deil i'w gweld
    Y dail gwyrdd ar frigau,
   A daw dydd yr holl dristáu
   Yn adeg casglu'r cnydau.

Cyfnos Mai

Hir, mor hir, yw Mai ar riw, – yn araf
    Y mae'r hwyr symudliw
  Yn lledu'i fraich dros allt friw;
  Rhoddion oedd oriau heddiw.

Ond â'i wae y mae pob diwedd – diwrnod
    Yn dod arnom; gorwedd
  Tarth gwyn yn sydyn dros wedd
  Ein hafan a'n tangnefedd.

Mae llaw'r gwyll yn duo'r gorwel – heno
    Dros Fynydd Marchywel;
  Mae o'r rhos furmur isel
  Yn dwysáu trwy'r caeau cêl.

Y cwm hir heb draciau mwy, – na llechwedd
    Na lloches safadwy;
  Nofia fel bad i adwy
  Oriau'r nos a'u dychryn hwy.

O'r niwl fe dry'r frân olaf – i'w nyth hi,
    A thawodd amdanaf
  Y llethr ddu; llithrodd haf
  I hafnau'r cyfnos dyfnaf.

Llan-giwc dan fantell bellach – a dunos
    O'r Allt-wen i Glydach,
  A'r byd yn y funud fach
  Honno dan rwyd cyfrinach.

Llais caruaidd a'm treiddia, – yn gwahodd
    I'r gwyll a'i orffwysfa
Ddi-wên, lle na ddihuna
Neb i weld un pabi ha'.

Rwyf mor frau, rwy'n dechrau dod, – a'i alwad
    Felys imi'n faldod;
Llaw fwyn a dynn fy holl fod
I orwel y nos barod ...

Ond gwêl y stribed golau – yn awyr
    Y gorllewin! Lliwiau
Amrwd y rhwd yn parhau
Yn eu haenen i gynnau.

Galw nawr mae'r goleuni hwn – o wyll
    Yr ellyll a ofnwn,
O nos yr hen demtasiwn
I wawr aur y bywyd crwn.

Troi i'r haul a churiad rhydd – yfory,
    Llif y wawr o'r newydd
A ga'i, a chlywaf gywydd
Henfro deg yn gwefru'r dydd.

Tra bo coedlan yn canu, – a rhiwiau
    Y cread yn glasu,
Mwy ni ddaw y dwymyn ddu,
Ond eto Mai o'm deutu.

Camau

Yn mynnu gwneud ei smonach,
fe ddaw i'n byd feddwyn bach
â swyn yn ei simsanu;
onid hwn yw clown y tŷ?

Dros fryniau mae'i wadnau o
â hyder yn ei gludo;
twmpathau yw llethrau'r llus,
a'r foel yn filltir felys.

A heno fe simsana
ger ei wal fel gŵr ar iâ;
mur castell yw'r stâr bellach,
a hyd ei fyd ei rŵm fach.

Cartref-amgueddfa Lorca, Fuente Vaqueros

Muriau gwyn, teils tyn y to,
llonyddwch y llan iddo,
di-lwch o hyd; haul, a chwa
awel Andalucía.

Rhannaf â rhith y bryniau
fore o hedd a'i naws frau,
ac yna mentraf gamu
i wacter tyner y tŷ.

Y mae ei ing ym mhob man,
yn iasol megis cusan,
a holl seiniau ei ddaear
yn gweu tôn fel hud gitâr.

Yna'r waedd trwy'r awyr hon
eilwaith sy'n hollti calon,
a rhithiodd uwch hiraethu
y tir dwys y fwltur du.

Difrod damweiniol

*'There was some collateral damage
when we struck the Taliban position ...'*

Pystylad y ffrwydriadau
yn nhwyll y wawr yn pellhau;
aeth y mwg, a rhithiau mud
i'w haelwyd sy'n dychwelyd.
Tawelwch lle bu teulu,
a gwaed oer ar gerrig du,
rhyw fraich dan bigiadau'r frân,
unigedd lle bu tegan.

Ar ei nyth croesewir 'nôl
eryr o'i gyrch arwrol
a'i flys am wasgar fel had
hen roddion ein gwareiddiad.

Cydymffurfio

Un 'Heil' yn hollti'r waliau,
un arwydd hagr yn rhyddhau
eryr unllais yr hunllef,
ac un tramp yw cytgan tref;
i'r drin trodd gwerin un gwaed,
yn rhannu gwefr yr henwaed.

Yn y gell mor unig wyf,
bradwr i'r hil bur ydwyf;
minnau'r genau gwahanol,
a gŵr ffals y geiriau ffôl,
anwylaf fy ngwawr ola'
yn was i neb – dwedais 'Na'.

Dadrith

Sudd y ceirios oedd eu cariad – awchus,
    A sychodd mewn eiliad;
  Ond mor hir, hir, yw'r parhad
  I gerrig yr ysgariad.

Heroin

Hwy, o wyll eu 'stafelloedd – yn nadu
    Am nodwydd yr ingoedd,
  Ac yn yr haul gynnau'r oedd
  Pawennau'n cyfri'r punnoedd.

Darlun 'Pont y Gamlas', L.S. Lowry

Er trymed 'sgidiau'r caledwaith – yn troi
    I'w ffatrïoedd unwaith,
  Dwlwn pe clywid eilwaith
  Gamu'r gwŷr ar hewl y gwaith.

Arlunwaith ar lestr Groegaidd

O hen bridd dan adfail brau
galwyd ceinder i'r golau;
a'r chwyn dros ei grochenydd,
galw'r cawg o'i loriau cudd.

Oriel o gyrff a welwn
ar lyfnder diamser hwn;
drama lawn sy'n deirmil oed,
cyngerdd di-dranc ieuengoed;
llanciau fel duwiau daear
a'u dawns yn sionc rhwng y dâr
a'r mawn; costrel dawn yw dyn
a wna'i fyd yn gelf wedyn.

Ond gwêl hyn! Lleiddiad â'i gledd
yn neheulaw'r dialedd
yw llun pob un ohonynt,
yn hela gwaed rhyw hil gynt;
wa'th, er arddel ei delyn
oesol, diafol yw dyn.

Oes geinwych, oes y gwanu,
f'oes fy hun, neu faes a fu?

Val Gardena

(Un o gymoedd olaf yr iaith Ladineg)

O'i gof mae'r gwynt gaeafol – uwch eira'r
    Bwlch oer, ond daw'n wyrthiol
  O wanwyn eu gorffennol
  Flodau iaith ar foel a dôl.

Euogrwydd

I'r car! Tro byr heb un gwyriad – i gael
    Cig oen o'r archfarchnad,
  A draw, heb law, mae 'na wlad
  Ddiafon a diddafad.

'Anhraethadwy, mwy na mi ...'

Credo

Nid wyf yn frwd i yfed – o aber
    Achubiaeth, er dwysed
   Angau'r Oen, achos fy nghred
   Ynddo fel Athro'r weithred.

Y Trydydd Un

Fe godwyd tair croes ar Golgotha
i gadw'r hen drefn yn ei lle,
i anfon tri rebel i'w hateb,
ac adfer ein heddwch i'r dre'.

Fe godwyd tair croes ar Golgotha
i hoelio dihirod i'r pren
a dweud nad yw terfysg yn talu,
i ddweud mai'r hen Beilat sy'n ben.

Fe godwyd tair croes ar Golgotha
i grogi tri dyn yn eu gwaed;
dau leidr a 'Rex Iudaeorum',
roedd wyneb gan hwnnw, mae'n rhaid!

Ond eto, a rhegi'r ddau leidr
o'u hing yn ystaenio ein hedd,
fe glywais y trydydd yn maddau o'r groes
i filwyr y fflangell a'r cledd.

Ac er 'mod i'n batrwm o Iddew
rhoes hefyd faddeuant i fi!
y blagard, ac yntau'n ei angau a'i faw
ar ben y tip sbwriel fel ci!

Ond bellach mae Peilat yn gwenu
a genau y blagard yn fud;
y groes ar Golgotha a dorrodd ei grib,
a charthwyd y rebel o'r byd ...

Y Cymun

Y bara o sguboriau – Ei gariad,
    Y gwir dywysennau
   Graswyd er gwŷr a'u heisiau,
   Bara oes i'r ysbryd brau.

Yna gwin o gasgenni – Ei aberth,
    Gwin gobaith ac egni;
   Yn y gwin cawn ein geni
   Â Ffydd newydd – yfwn ni!

Cyfeillach ddwysach ni ddaeth – i minnau
    Na mwynach cwmnïaeth;
   Awr y cof rhwng cerrig caeth
   Yw gŵyl Ei fuddugoliaeth.

Rhagfyr

Gwrandawn ar brynhawn yma'n edwino
yn y cwm dinerth, a'i dranc amdano,
ond daw'r Ŵyl mewn byr o dro – â'r Plentyn
i ysbryd dyn sy ar ddisberod yno.

Lle, uwch conwydd, y tywyllwch cynnar
sy'n tawel hel megis llenni galar,
i'r llegach, y Gair llachar – ddeffry'r lle,
a'i newydd e a oleua'r ddaear.

Gweddi

Ein Duw mawr, bydd gyda mi
a'r hwyr o'm cylch ar oeri;
rhew Ionawr hyd y bryniau,
y nos a'i hias yn nesáu
a'r cysgodion yn cronni;
ein Duw mawr, bydd gyda mi.

Os angladdol brol y brain
a'u hen arswyd amhersain,
a niwloedd fel marwolaeth
fry ym mrig y gelli gaeth,
gwranda Di pan weddïaf
a'm rhyddhau rhag ofnau gaf.

A chyflwyno'n hwyrion wnaf
i Ti nawr, y tyneraf
o blant, a chanrif y blaidd
yn eu haros yn gawraidd;
nertha'u safiad a'u cadw –
Dduw ein Iôr, coledda nhw!

Aros

Ryw ddydd a ddêl, fe welaf
rosyn lle mae'r chwyn, a chaf
wylio o draw daflu dryll
ein doeau i sach dywyll
yr oesau; os arhosaf
tan y wawr, gweld hyn a wnaf.

Fel rhith, agorith y gell
a gwyll y dwrn a'r gyllell;
yn ddifraw daw'r dieuog
i'w dŷ yn glyd o dan glog
cyfiawnder; fel aderyn
yn aer y llethr, hofra'r llun.

A gwela'i holl blastai blys
a rhaib hir y pwerus
yn aelwydydd i'r tlodion;
o hafau Duw clywaf dôn
anniwall daear newydd,
'mond disgwyl, disgwyl y dydd.

Un wawr o aur gwn yr hed
alaw einioes y blaned
yn isel i harneisio
y carbon a'i nwyon o;
onid braf achub byd brau,
achub o'r gadair freichiau?

Ddydd a nos, rhyw aros 'rwyf,
sawdwr yr 'aros' ydwyf!

Ond ust! Trwy'r bore distaw,
yn ddwys, comisiwn a ddaw:
"Cer â chân, cer i iacháu
hyn o fyd a'i glefydau,
a cher yn awr, cyn chwa'r nos,
i'r berw, a heb aros!"

Nadolig

Rhannu geiriau hen garol – ac uno
    Wrth y gannwyll hwyrol;
  Gwelwn wyrth ein Gŵyl yn ôl
  A Duw Mair yn gnawd marwol.

Datgorffori Eglwys Hebron, Clydach

Fe drof o'r storm atgofion – a'r iaswynt
    Wrth gau drysau Hebron,
  Ond mawl a hwyl y deml hon
  A gadwaf o'r cysgodion.

Adnod

Unwaith bu hi'n fy mhoeni – hyd salwch
    Cyn dôi Sul yr holi;
  Yn awr, a'm haul yn oeri,
  Mae hon fel moddion i mi.

Dewi Sant

Pa werth yw'r sant na throedia faes y gad
a medi cyrff gelynion megis cawr?
Oherwydd dyna fesur ein mawrhad
wrth bwyso eilun yn y glorian fawr.
Ni laddodd Dewi neb, na chodi cledd,
ni thaflodd waywffon na gwanu gŵr
â dagr, nid oedd ganddo gri ond hedd,
ac ni fu'n arwain cyrch ar gaer na thŵr.
Sut bu i'r llipryn, felly, yn ei ddydd
feddiannu bryd y Cymro fel yr ha'
sy'n hawlio'r cwm a'i holl encilion cudd,
a thywys cenedl tua'r dolydd da?
Â chleddyf ei drugaredd concrodd hwn,
â min y cariad sydd yn drech na'r gwn.

Cydnabyddiaethau

'Cywydd Croeso Eisteddfod Glyn Ebwy, 2010', *Rhestr Testunau Eisteddfod Genedlaethol Glyn Ebwy*, 2009.

'Cywydd Croeso Eisteddfod Y Fenni, 2016', *Rhestr Testunau Eisteddfod Genedlaethol Sir Fynwy a'r Cyffiniau*, 2015.

'Cywydd Croeso Eisteddfod Casnewydd, 2004', *Rhestr Testunau Eisteddfod Genedlaethol Casnewydd a'r Cylch*, 2003.

'Cywydd Croeso Gŵyl Cerdd Dant Casnewydd, 2008', *Rhaglen yr Ŵyl Gerdd Dant*, 2008.

Cyhoeddwyd y cerddi 'Dad' ac 'Alun Wyn Bevan yn 60 oed' yng nghylchgrawn *Barddas*. Cyhoeddwyd 'Clebren y Cwm' yn *Wrth eu gwaith* gan Gylch Darllen Cwm Tawe. Cyhoeddwyd y cerddi 'Cofio'r Parchedig Kenneth Lintern' a 'Colli'r Parchedig Derwyn Morris Jones' yn *Y Tyst* a chyhoeddwyd 'Aros' yn y cylchgrawn *Cristion*.

Darlledwyd 'Y teras', 'Adnod', 'Camau', 'Cydymffurfio', 'Heroin' a 'Difrod damweiniol' ar *Talwrn y Beirdd*, BBC Radio Cymru. Darlledwyd 'Cofio Dai Davies' ar raglen *Ar y marc* ar BBC Radio Cymru ac fe ddarlledwyd 'Cloch Medi' ac 'Y slasien' ar y sianel radio hefyd.